JORGE EDUARDO **SIMONETTI**

CRÍTICA DE
LA RAZÓN
IDIOTA

SÓCRATES Y EL IDIOTA ANTIGUO. LA SOCIEDAD DEL CONOCIMIENTO SUPERFICIAL. EL IDIOTA MODERNO. EL IGNORANTE *ONLINE*. LA DEMOCRACIA LÍQUIDA. LA POLÍTICA MEDIOCRE. IDIOTAS HUBO SIEMPRE

DEDICATORIA

Para Gise, el amor de toda mi vida:

por aguantar con paciencia mis momentos idiota

Para Caro y Seba, Nati y Andrés:

por ellos y por sus frutos

Para Agos, Franquito, Tommy, Bauti, Maca y Chiarita

porque sin ellos, nada tiene sentido

Para mamá:

por estar siempre a mi lado

INDICE

CAPITULO III

EL PENSAMIENTO SOCRÁTICO

CAPITULO IV

EL PENSAMIENTO IDIOTA

LA SOCIEDAD IDIOTA

CAPITULO VII

LA DEMOCRACIA IDIOTA

PROLOGO

Debo admitir que desconozco los motivos que llevaron al Dr. Jorge Simonetti a convocarme para semejante tarea, pero esto de escribir el prologo de un libro siempre se convierte en un gran desafío intelectual y es por esa razón que he aceptado esta maravillosa posibilidad de invitar a quienes están interesados en introducirse en esta magnífica aventura de sumergirse en un libro.

Vale entonces el enorme agradecimiento al amigo, al colega, al autor de esta interesante obra porque me honra con esta distinción. Ahora solo resta que pueda estar a la altura de sus expectativas.

La exquisita pluma de este hombre, que más allá de sus logros profesionales y de su exitoso paso por la política, a lo largo de los años, ha ido evolucionando en el arte de escribir, de expresar en palabras, en el papel, una mirada, una visión, una perspectiva de cada hecho que analiza con detenimiento.

Su despliegue como articulista ha permitido que muchos de sus lectores habituales vayan descubriendo en él esta faceta de observador agudo y de ciudadano absolutamente comprometido con el presente.

En esta publicación ha dado un paso más. Ahora, en esta ocasión, se da a la labor de profundizar conceptos, de hurgar en el intrincado significado de ciertas palabras que contribuyen a explicar lo que realmente nos pasa como sociedad.

Prefiere iniciar esta travesía literaria haciendo una aproximación a la visión de un pasado glorioso, para luego, rápidamente regresar hasta nuestros días para someter esas ideas bajo otro prisma e impregnarlas de un contexto más actual, ese con el que nos toca lidiar a diario.

Es apasionante toparse con esta audaz fórmula que ha encontrado para hilvanar este relato y construir un ámbito donde se conjugan algunas complejas abstracciones con cuestiones mucho más cotidianas.

El recurso de citar la mirada de diferentes personalidades a lo largo de los distintos capítulos, con pensamientos que van desde la más refinada intelectualidad de muchas celebridades internacionales a la sabiduría popular de los personajes locales se utiliza con mucho criterio y sirve de disparador para el análisis posterior de las ideas explicitadas en cada etapa.

Se podría decir que es un libro de filosofía porque está repleto de reflexiones que van al fondo de cada cuestión y obligan a estar plenamente concentrado para comprender acabadamente su contenido.

También podría afirmarse que es casi un tratado histórico porque hace un recorrido en el pensamiento demostrando su evolución en el tiempo y ahondando en explicaciones muy detalladas del porque de esas visiones.

Otros se quedarán con la perspectiva política siempre presente en este material cuando describe las características intrínsecas de los sistemas de gobiernos contemporáneos, sus debilidades y los desafíos que deben resolver en el corto plazo para intentar enderezar el peligroso rumbo seleccionado.

Mi opinión personal es que se trata de un verdadero manual de sociología práctica, una descripción muy integradora de las diferentes vertientes desde las cuales puede analizarse el presente.

Se aborda la visión del individuo con mucha profundidad, pero también se la complementa con el panorama que otorga la vida en comunidad. Ambas dimensiones componen un escenario y el libro no deja arista suelta en este sentido.

Creo que la gran virtud de esta publicación es que puede ser leída con mucha comodidad porque se ha escrito con una terminología accesible que articula el conocimiento científico y técnico con el lenguaje coloquial de la conversación de rutina.

El lector no solo aprenderá mucho, repasará ciertas ideas y conocerá la perspectiva del Dr. Jorge Simonetti, sino que una vez culminada esta fascinante obra se quedará reflexionando y la búsqueda de la verdad continuará por esa senda.

Probablemente el mayor anhelo de aquel que intenta dejar un legado en este mundo no pase por compartir un simple relato, sino por invitar a una actitud crítica, pensativa, capaz de generar nuevos espacios que permitan que las sociedades puedan innovar y encontrar el camino hacia las soluciones.

Si esto es lo que realmente intentó el autor, puede darse por satisfecho, porque esta CRITICA DE LA RAZON IDIOTA lo logra, indudablemente, con creces.

Alberto Medina Méndez

INTRODUCCIÓN

"Tener conciencia de nuestra condición de época, en la que el conocimiento se está transformando en un producto exótico, el pensamiento en un insumo escaso, y la ignorancia en una condición apreciable"

Si alguien se siente aludido por el título del libro, les informo que fui el primero en sentirme de tal manera.- Cuando escribo, ni siquiera estoy seguro de mis conceptos y razones apenas escapan de mi pluma.-

Si uno busca en el diccionario la palabra "idiota", seguramente se encontrará con varios significados.-

Desde el punto de vista psiquiátrico, idiota es

un individuo que padece de *"idiocia"*, enfermedad mental en la cual se observa una ausencia casi total   de las facultades psíquicas o intelectuales.- Una patología psíquica grave.-

En el lenguaje común, la palabra idiota es utilizada como sinónimo de tonto, estúpido o imbécil, es decir una persona normal, sin patología mental, pero de corta inteligencia, que no comprende lo que sucede alrededor, que es ignorante, engreído sin fundamento, que obra con poca inteligencia en sus palabras o acciones.-

En el primer caso, es una enfermedad; en el segundo puede ser un adjetivo con sentido peyorativo o despectivo con ánimo de menoscabo, o directamente denotar una situación objetiva del comportamiento.-

En la Grecia Antigua, el término se utilizaba para calificar al individuo que se ocupaba sólo de sus propios asuntos y no prestaba atención a las cuestiones públicas.- En latín, refería a una persona sin educación o ignorante.-

En este ensayo, no pretendemos analizar, sería pretencioso, el comportamiento de quien padece de *"idiocia"*, sino el desempeño de las personas en la subutilización de sus facultades mentales en relación a si mismo y a su entorno social.-

Desde que el mundo es mundo, desde los albores de la civilización, los hombres pusieron de manifiesto su instinto gregario, esa natural inclinación a juntarse con otros seres humanos, compartir un espacio común, relacionarse, ayudarse, complementarse, buscar la manera de calmar las necesidades básicas de comida, vestido, refugio, defensa.-

La convivencia, sin dudas, desde sus inicios trajo aparejada problemas adicionales de relacionamiento, distribución de tareas, organización social, administración de la cosa común, normas básicas de coexistencia.-

Es allí que, desde el primer momento de gregarismo de la vida, se hizo presente la necesidad de darse reglas para   la interacción humana y, a su vez, determinar las formas de zanjar las diferencias en la aplicación de las mismas.- Solucionar los conflictos en el marco de la organización, constituye el primer atisbo de civilización.-

Cada hombre y cada mujer, ya no eran uno mismo y su entorno natural, sino uno mismo y su semejante, obligados a salir de su aislamiento y a vivir en un mismo medio, a verse todos los días, a compartir alimentos, a procurarse el techo, a proveer a la defensa común.- Ya no es la mera voluntad unipersonal la que se impone siempre, paulatinamente comenzamos a entregar parte de nuestro libre albedrío en beneficio del conjunto, con la conciencia que es la mejor manera para alcanzar los propios objetivos.-

Sin embargo, el hombre no sólo es gregario, sino fundamentalmente social.- Precisamente la condición gregaria de muchos animales, tiene al hombre en la escala superior en función de sus condiciones de sociabilidad.- Y esta condición, está dada por la posibilidad de la comunicación, de la palabra.-

Si el hombre común, de a pié, normal, permanece encerrado en su caparazón, no desarrolla el músculo más importante del cuerpo humano, el cerebro (en rigor, compuesto por un 80% de grasa), a través del ejercicio de pensar, y si además se despreocupa de las cuestiones comunes en su responsabilidad como ciudadano, es al que llamaremos "idiota" a los efectos esta obra.-

La democracia en trazos gruesos define el dispositivo más justo para organizar la convivencia entre los seres humanos.- Pero son los trazos finos los que nos suministrarán la armonía que queremos para nuestras relaciones civilizadas.-

Pero tendremos una "democracia idiota" en la medida que los ciudadanos observemos un comportamiento idiota, de autoexcluirnos de las cuestiones públicas, de considerar a la política como una actividad ontológicamente disvaliosa, despreciable, corrupta y dejarla en manos exclusivas de los "profesionales".-

En el sentido que expongo, todos somos idiotas en mayor o menor medida, o lo fuimos en alguna oportunidad, o lo seremos en el futuro.- El problema principal es que la idiotez no nos cope enteramente, no se apodere del alma y del cerebro, no nos convierta en seres que no pensamos, no nos diplome de críticos superficiales incapaces de contrastar evidencias.-

Al decir de Antoni Brey (*La sociedad de la ignorancia*), todos los seres humanos somos una mezcla dinámica y cambiante de *"sabios, expertos y masa"*.- La realidad es que los sabios hoy no existen, que estamos llenos de expertos con conocimientos de parcialidades, y que en la mayor parte del tiempo casi todos los seres humanos somos *"masa"*, cuya característica principal es la ignorancia.-

El peso de la sociedad de consumo, el incesante crecimiento de la tecnología, la explosión de las comunicaciones, el acceso a información casi infinita, nos vuelve, consciente o inconscientemente, personas idiotas que han dejado de pensar, incapaces de separar lo importante de lo superfluo, inundados de información pero mendigos de formación, ignorantes de nuestra propia ignorancia, arrogantes, egocéntricos, narcisistas.-

No somos todo el tiempo así, ni lo somos en un cien por ciento, como todo ser humano tenemos errores y virtudes.- La cuestión es tener conciencia de nuestra propia situación, y que el espíritu de época no nos aplaste y nos convierta en idiotas permanentes.-

La estupidez humana es natural y está en permanente conflicto con otra condición también humana que es la inteligencia.- Muchas veces, cuando analizo sobre cosas que he hecho o conductas que he tenido, me digo a mi mismo que no debería haberlas realizado por que fueron inapropiadas.- A todos nos pasa tener nuestros momentos de idiotez.-

El concepto de idiotez o estupidez no patológico es esencialmente relativo.- Hay algunas personas que parecen no tener facilidades innatas para escaparle, hay otras cuya manera de ser los acerca a tener comportamientos de esa característica.-

Comenzaremos analizando el idiota antiguo en la Grecia de los filósofos, para compararlos con el idiota actual, hablaremos de la *modernidad líquida* en el decir de Bauman, haremos centro en la sociedad idiota, que sólo puede producir políticos idiotas y una democracia idiota.-

El idiota cibernético es una manifestación prototípica del idiota moderno, las generaciones "millenials" y "centennials" forman parte de esa realidad, produciendo a su alrededor toda una parafernalia de productos para ellos, incluyendo medios de comunicación y un periodismo que se identifica con la modalidad idiota.-

El tema no es ignorado por el arte popular.- Lo dice en una de sus canciones quien fuera declarado por la Unesco Mensajero de la Paz en 1996 y candidato a Premio Nobel de la Paz en 2008, el cantautor Facundo Cabral: *"Mi abuelo era un hombre muy valiente, sólo le tenía miedo a los idiotas. Le pregunté ¿por qué?, y me respondió: porque son muchos y al ser mayoría, eligen hasta el presidente"*.-

El objeto final de mis reflexiones es que,

salvando algunas ponderaciones absolutistas impropias de la condición humana, estemos en condiciones de reconocer y reconocernos en nuestra condición de época, en la que el conocimiento se está transformando en un producto exótico, el pensamiento en un insumo escaso, y la ignorancia en una condición apreciable.   **El autor**

CAPITULO I

EL IDIOTA ANTIGUO

"Sé que soy inteligente, porque sé que nada sé"

Sócrates

La Grecia clásica

Que el sentido original de la palabra idiota, *individuos que despreciaban los asuntos públicos y sólo se preocupaban por su goce privado*, se haya corporizado en Atenas, no es ninguna casualidad, porque representa la cara disvaliosa y complementaria de su forma de gobierno por esos tiempos.-

Durante el período clásico, nos estamos refiriendo a los siglos V y IV a.C., Grecia estaba integrada por ciudades-estado independientes entre sí, cada una con su campo circundante.-

Esparta rechazó la sociedad abierta y mantuvo la estructura colectivista tribal, fue contraria al individualismo, a la democracia y a la igualdad, intentó dominar y esclavizar a las ciudades vecinas.- La propiedad privada no tuvo el valor que en Atenas, la libertad personal casi no existía, la comunidad, y no los individuos, era la propietaria de los principales recursos económicos.-

El término "político" es de origen griego y se aplicaba a todo aquello que era público.- La palabra "idiota", se utilizaba para designar a aquéllos que no participaban en la vida pública.-

Pericles formuló las bases de la democracia griega, designando los principios de igualdad ante la ley y del individualismo político como los pilares de la misma.- En su célebre oración fúnebre, caracterizó a la administración ateniense como democrática porque beneficiaba a la mayoría y no a la minoría.- *"Nuestra ciudad abre sus puertas al mundo –dijo- y por eso no expulsamos jamás a un extranjero. Ser pobre no es vergonzoso, pero sí lo es no hacer ningún esfuerzo por salir de la pobreza".-*

Clístenes (570 a.C.-507 a.C.) es el padre de la democracia ateniense.- Fue un político que introdujo el gobierno democrático en la antigua Atenas.- Creó las bases de un nuevo estado, a partir del año 508 a.C. aproximadamente.- El poder, mediante la reforma de Clístenes, pasa de las familias aristocráticas al pueblo reunido en Asamblea.- El enfrentamiento fue áspero, y no se resolvió con la aceptación pacífica de la democracia.-

Es por todos conocido que el término *"demo-cracia"* fue acuñado a mediados del siglo V a.C. en Atenas, a partir de los vocablos *"demos"* (pueblo) y *"kratos"* (gobierno), aun cuando su significación etimológica es mucho más compleja.-

El nuevo sistema de gobierno duraría aproximadamente dos siglos.- Siguiendo los interrogantes que formulamos en conjunto con Robert Dhal[1], para apreciar las características de la democracia ateniense diremos:

1. Respondiendo al interrogante sobre la asociación política más adecuada para el gobierno, los griegos respondieron que es la *polis* o *ciudad-estado*.- Obviamente, poco o nada sabían de experiencias anteriores, en rigor ni siquiera las hubo del modo griego.-

2. ¿Quiénes deberían constituir el *demos* en la ciudad-estado de la Grecia antigua? Para Dhal[2], la respuesta dada fue semejante a la que posteriormente le darían muchos países democráticos en los siglos XlX y XX.- Si bien en Atenas la ciudadanía era hereditaria (nacidos de ciudadanos atenienses), el *demos* se limitaba a los **ciudadanos varones a partir de los 18 años** (hasta el año 403 a.C., en que la edad mínima fue elevada a 20 años).- Según algunos autores, a mediados del siglo IV a.C., había unos 100.000 ciudadanos, 10.000 residentes extranjeros o metecos, y unos 150.000 esclavos.- Unos 30.000 ciudadanos eran mayores de 18 años, por lo que el *demos* comprendía aproximadamente de un 10 a un 15% de la población total.-

3. ¿Cuáles fueron las **instituciones políticas** que los atenienses necesitaron para gobernar?

a. La *Asamblea (Ecclesia)* era el corazón del gobierno.- Podían participar todos los integrantes del *demos*, y las decisiones se obtenían por mayoría de los presentes mediante el voto a mano alzada.- Se reunía con frecuencia semanal (40 veces por año), en la Pnyx (una colina al oeste de la Acrópolis).-

b. El ***Consejo de los Quinientos*** establecía los asuntos que trataba la Asamblea.- Estaba compuesto por representantes elegidos por sorteo en cada una de las 139 entidades territoriales menores, conocidas como demes, creadas por Clístenes en el 507. La cantidad de representantes de cada *deme* era aproximadamente proporcional a su población. El uso de representantes en el Consejo (aunque elegidos por sorteo en lugar de por elección) prefiguró la elección de representantes en los sistemas democráticos posteriores.-

c. ***Tribunales Populares (Dikasterión).-*** Fue descripto como el órgano del Estado más importante junto con la Asamblea, con poder ilimitado para controlar a la Asamblea, al Consejo, a los magistrados y a los líderes políticos. Los tribunales populares estaban compuestos por jurados elegidos por sorteo de una reserva de ciudadanos mayores de 30 años de edad; la reserva en sí era elegida anualmente y también por sorteo. Esta institución es otro ejemplo del grado en que se esperaba que los ciudadanos comunes de Atenas participaran en la vida política de la ciudad.-

El idiota griego

La democracia en Atenas, destacaba una serie de principios y virtudes que hacían al buen ciudadano, ése que participaba del gobierno directo de la *polis*.-

El principio básico era el de *isonomía*, que significaba igualdad ante la ley, obviamente dicha igualdad regía para los que constituían el *demos* (atenienses de más de 18 años), que no excedía un 15% de la población total, como vimos más arriba.-

Como la democracia era directa, la palabra

fue un instrumento esencial de gobierno porque para gobernar había que convencer al resto.- En términos de Vernant, mencionado por Dante Palma[3], *"la palabra no es ya el término ritual, la fórmula justa, sino el debate contradictorio, la discusión, la argumentación".-*

De allí que la *isonomía* adquiría operatividad en la medida que se asegurara otro valor fundamental, la *isegoría* (igualdad en el uso de la palabra durante la Asamblea).-

La democracia ateniense estaba basada en el pilar fundamental de su estructura, el "discurso", al cual los ciudadanos le daban importancia fundamental, tanto que se preparaban de manera especial para hablar en público y tener poder de disuasión.-

Ahora bien, la elaboración del discurso y su finalidad moral eran objeto de la disputa principal entre los maestros griegos, los *sofistas* por un lado y los *filósofos* por el otro.-

Los primeros eran acusados de enseñar técnicas y recursos para convencer a la audiencia, pero desentendiéndose de la verdad o falsedad del contenido del mensaje.- Podríamos decir que fueron el antecedente mediato de lo que hoy denominamos "expertos en marketing político".-

Dice Palma que *"la palabra tuvo un rol democratizador en el sentido que fue la llave para sustraer a la aristocracia el control de lo simbólico...rompiendo la lógica aristocrática del secreto y los rituales vedados a las mayorías"*[4]

Pero no sólo fue la oratoria la que permitió la instalación de la democracia ateniense, lo fue también la palabra escrita, porque posibilitó la redacción de las leyes para la consulta de cualquier ciudadano.- La ley dejó de ser aquello que los jueces "dicen", para pasar a ser un instrumento escrito y publicado para conocimiento de todos.-

La tercera virtud que destacaba en la Grecia democrática fue la *parresía*, el hablar con la verdad, ser franco, asumiendo los riesgos que ello implica.- No sólo es una virtud en relación al individuo, sino también un compromiso social, fue la actitud de la filosofía *cínica* de esos tiempos aunque a través más de los hechos que de las palabras.-

En una conferencia dictada en 1983 en la Universidad de Berkeley, Michel Foucault la define: *"La parresia es unas actividad verbal en la cual un hablante expresa su relación personal a la verdad, y corre peligro porque reconoce que decir la verdad es un deber para mejorar o ayudar a otras personas (tanto como a si mismo). En parresia, el hablante usa su libertad y elige la franqueza en vez de la persuasión, la verdad en vez de la falsedad o el silencio, el riesgo de muerte en vez de la vida y la seguridad, la crítica en vez de la adulación y el deber moral en vez del auto interés y la apatía moral".-*

Sócrates es el prototipo del *parresiastés*, alguien que utiliza la *parresía*, que habla con verdad, aún a riesgo de su propia vida, como que le costara la misma cuando fue condenado a beber la cicuta.- Por oposición, a los sofistas no les interesaba promover el discurso veraz, enseñaban a sus alumnos recursos y técnicas para convencer, aunque ello signifique a veces sacrificar la verdad.-

Isonomía, isegoría y parresía constituyeron los pilares básicos para la salud de la democracia directa de Atenas.- El debate igualitario, el contraste de ideas, el pensamiento elaborado, la verdad antepuesta fueron los parámetros de un sistema que se extendió por casi dos siglos que constituyó la semilla de la libertad y el autogobierno.-

Fue tanta la importancia de la participación del *demos* en la vida pública, que se llamaba "idiota" a aquéllos que, integrando ese porcentaje de ciudadanos habilitados a participar del gobierno de la *polis,* sólo se preocupaban por los asuntos propios.-

En la Atenas del siglo V a.C., la participación política era considerada un deber inexcusable, faltar a ello resultaba una grave conducta antisocial, pues pensaban que la vida política beneficiaba a todos.- Es por ello que había una clara diferencia entre el ciudadano y el que no lo era, el estado ayudaba a los primeros para que cumplieran con sus funciones de tales.- Existían las llamadas "liturgias", subvenciones estatales por asistencia y participación.-

De tal modo, no siendo una democracia representativa, si los "idiotas" se multiplicaban en la Atenas de los siglos V y IV a.C, la comunidad misma sufriría las consecuencias del desentendimiento de las cuestiones públicas.-

De Sócrates a Diógenes

Sócrates, unos 2450 años ha, fue el héroe principal del desarrollo del pensamiento racional.-

Tal vez, de niño preguntara a su padre sobre el significado de la democracia.-

De la mano de Clístenes, un aristócrata al que se le encargara la confección de un nuevo código político y social que permita a la sociedad ateniense no ser subyugada por un poder autoritario ni tampoco arrasada por las fricciones sociales de la anarquía, a partir del año 508 a.C. nació un nuevo estado y una nueva estructura de poder.-

Se desechó la conformación piramidal del poder hasta entonces, basado en un triángulo en cuyo vértice superior se ubicaba un rey, secta religiosa, oligarquía o cualquier forma de dominación, para pasar a conformarse una estructura de poder circular en la que los ciudadanos tomaban las decisiones basados en la igualdad en el estatus y en el uso de la palabra.-

Tiempo más tarde, la democracia ateniense se consolidaría de la mano de Pericles, quién fue considerado durante treinta años como uno de los diez estrategos, hasta el 428 a.C.-

En ese contexto, Sócrates surgió como el gran filósofo y, a diferencia de los sofistas, enfocó todo su raciocinio para comprender el alma humana y acercarnos a la virtud en función del conocimiento.-

A diferencia de sus antecesores, las calles y plazas de Atenas fueron sus espacios para conversar con todos, sin aleccionar, sin dar cátedra, sino a través de la indagación por medio de preguntas que permitieran encontrar el camino, no siempre descubierto, hacia la verdad.-

Decía que *"el mayor de los bienes, el conversar a diario sobre la virtud y otros temas, examinándome a mí mismo y a los demás; pues una vida sin examen no merece ser vivida"*.-

Basado en la indagación inductiva, su búsqueda se centraba en la identificación de una moral basada en la naturaleza, independientemente de la religión, y en la manera de concebir un Estado inteligentemente administrado y estructurado[5].-

A pesar de haber sido considerado en su tiempo como el más sabio, forjó la humildad como la plataforma de su pensamiento, al contrario de otros que se envanecían de los conocimientos que creían poseer: *"ellos creen saberlo aunque no sepan nada, y yo, no sabiendo nada, creo no saber. Me parece, por tanto, que en esto, yo, aunque poco más, era más sabio, porque no creía saber lo que no sabía"*[6].-

Sócrates hizo más por la democracia ateniense que todos sus colegas, porque enseñó a pensar y con ello a descubrir y decir la verdad, la *parresía*, fundamental para el ejercicio democrático.-

Sin embargo, por paradójico que parezca, fue condenado a muerte, a través del envenenamiento con cicuta, por habérselo encontrado culpable de corromper a los jóvenes con una prédica pretendidamente antidemocrática.-

En su defensa, proclamó la necesidad del libre pensamiento, se negó a pedir perdón, y dijo que lo peor no es la muerte a la que fue condenado, sino la injusticia: *"¡Ah! Atenienses, no es lo difícil evitar la muerte; lo es mucho más evitar la deshonra, que marcha más ligera que la muerte...Yo voy a sufrir la muerte, a la que me habéis condenado; pero ellos sufrirán la iniquidad y la infamia a que la verdad les condena".-*

Mear, masturbarse y ladrar[7]

El eje fundamental de la filosofía cínica por esos tiempos era como lograr la libertad individual.- Hay que decir que en el siglo V a.C., la libertad estaba pensada como libertad política, el hombre era concebido como un ser social que sólo podría realizarse en comunidad.-

Por contraposición, los cínicos proponían una salida individualista, afirmando que la libertad no era algo capaz de conseguirse en la comunidad sino contra y a pesar de ella.-

La filosofía cínica nace en la época de decadencia de la democracia griega, como una actitud crítica a los valores que la misma pregonaba, y su principal representante fue Diógenes (400 a.C. – 323 a.C.).-

Los cínicos son los antisistema de la democracia, y su nombre etimológicamente proviene del griego *kynikós*, que significa "perruno", término elegido para designar a todos aquellos humanos que se comportaran como "perros", es decir aquellos que carecían de respeto y de vergüenza.-

En la antigua Grecia, decirle "perro" a una persona constituía un insulto (lo que hoy sería "sos un animal"), y llamarlo "mosca de perro" era el peor agravio.- Al denominarlos de tal modo, los cínicos para los griegos eran aquellos que tenían un comportamiento más identificado con el perro que con las personas.-

Así como para Atenas la palabra tuvo un fundamental rol democratizador, los cínicos hacían énfasis más en los actos que en las palabras.- En un principio no constituían una escuela filosófica, sino un modo de comportarse de cara a una democracia en decadencia.- Pregonaban el autodominio y la imperturbabilidad del alma.-

Diógenes denunció la decadente sociedad de su tiempo no a través de discursos y doctrinas, sino a través de acciones disruptivas.- Frente a la palabra como herramienta civilizadora y trasmisora de valores del sistema, su protesta no consistía en contradecir con argumentos sino en comportamientos que demostraran una actitud de contraposición impactante.-

Al igual que varios filósofos de su época, equiparaba la democracia a la demagogia.- Cómo modo de burla, tras observar en la plaza pública que sus discursos no generaban el menor atractivo en los ciudadanos, se puso a tararear, consiguiendo de esta manera la atención de los mismos.-

En consonancia con el origen perruno de su corriente, frente el discurso democrático proponía *"ladrar, mear y masturbarse"* como denuncia a la sociedad decadente de su tiempo, en una actitud propia de un perro y no de un ciudadano.-

Cómo se advierte, su prédica estaba constituida más por actitudes que por discursos, siendo sus anécdotas las que componían sus enseñanzas.-

Diógenes llevó una vida con lo mínimo indispensable desde el punto de vista material, ni cama, ni techo, ni propiedad.- Ocupaba el espacio público para vivir, y se acostaba sobre su única túnica.- Ser libre es un ejercicio de la reducción del deseo y la necesidad.-

Desafiaba al poder en cuánta oportunidad se le presentara.- Dante Palma[8], nos refiere dos de ellas: *"Allí encontramos los cruces de nuestro personaje con Alejandro Magno, entre los que se puede destacar el encuentro en el que el emperador observa a Diógenes echado en el suelo, con su única túnica y su simpleza, y la pregunta: "¿Qué deseas?". Tal interrogante no apuntaba a inquirir en la voluntad de nuestro hombre ni representaba una pregunta filosófica y abstracta, sino que era una suerte de ofrecimiento de quien podría llevar a cabo el pedido que cualquier hombre sobre la tierra le hiciere.- Frente a semejante convite, la historia cuenta que Diógenes lo miró y haciendo un ademán, le dijo: "Deseo que te muevas de allí porque me tapas el sol".-*

Otra anécdota nos ayuda a confirmar su actitud frente al poder: *"en la ocasión que fue apresado y vendido como esclavo, le preguntaron que sabía hacer y su respuesta fue "gobernar hombres". Incluso se habla de un encuentro con Filipo II, rey de Macedonia, en el que éste le pregunta "¿Quién eres tú?" a Diógenes y el cínico responde "Soy el observador de tu ambición insaciable".-*

Si decidiéramos condensar en una frase la actitud de los cínicos de la antigüedad, podríamos decir: predicar con el ejemplo.-

Como podemos apreciar, los ciudadanos y los cínicos de la antigüedad tenían un comportamiento diferente a los de hoy, sólo los idiotas se mantienen en un mismo carril tras dos mil quinientos años, con agregados que veremos a continuación.-

CAPITULO II

EL IDIOTA MODERNO

"Gran parte de las dificultades por las que atraviesa el mundo se debe a que los ignorantes están completamente seguros y los inteligentes llenos de dudas"

Bertrand Russell

La denominación "idiota" fue adquiriendo connotaciones de mayor volumen con la evolución del tiempo, sin abandonar el núcleo original de su significado.-

A su origen griego como aquél ciudadano que se desentendía de sus obligaciones públicas, ya en la era cristiana el latín tomó prestado el término y durante el imperio romano se llamó así a alguien ignorante, burdo, sin instrucción.-

Conservó su significado durante la Edad Media, aunque también se llamó idiota al que no cree en Dios.-

Ya en el siglo XVII, la medicina francesa estableció una clasificación de las deficiencias psíquicas o retrasos mentales, utilizando el término "idiota", al igual que el vocablo latino "imbécil", para denominar uno de los grados de minusvalía mental.- De allí sus acepciones como enfermedad mental recogidas por los diccionarios.-

Sea como fuere, el término idiota acabó adquiriendo el valor de alguien un poco tonto e ignorante, que renuncia (por voluntad propia o incapacidad personal) a ocuparse de la política que le afecta.-

Tal como dijimos en la introducción a esta obra, no nos referiremos al idiota moderno en el sentido patológico del término.-

¿Cómo es el idiota moderno?

Asumo que el término en el siglo XXI que corre, no se ha desprendido de su sentido original, pero cierto es que sus inhabilidades individuales y su poca responsabilidad social, los ha convertido en un azote para la democracia de nuestro tiempo.-

Intentaremos definir al "idiota" moderno sin olvidar que nuestra condición humana nos hace vulnerables y limitados en nuestra función intelectual.- Todos tenemos nuestros momentos de duda, de comportamientos poco razonables, de actitudes equivocadas, es decir que, quién más quién menos, debe reconocer que el común de los mortales tenemos nuestros momentos "idiota", porque es propio de la condición falible de los seres humanos.-

Sin embargo, trataremos de definir la condición idiota como una característica permanente del intelecto que, sin llegar a la patología psíquica, nos indica un comportamiento poco inteligente.-

Intentaremos describir al idiota moderno, con las herramientas simples que nos confiere la observación, conscientes de sus efectos devastadores en el ámbito de una comunidad.-

Para ello, separaremos el análisis en dos vertientes: la una, la que lo define en cuánto a su capacidad de pensar, de razonar, de utilizar el sentido común, de concluir; la segunda, aquélla que refiere al idiota como integrante de una sociedad y en su carácter de ciudadano de una nación.-

No piensa, no sabe, no es consciente

Nadie puede ignorar que el principal activo del ser humano es la mente, muchas veces mal utilizada o subutilizada.-

Todos tenemos un cerebro, pero no todos lo utilizamos debidamente.- El pensamiento y el razonamiento son capacidades potenciales del hombre y de la mujer, que necesitan ponerse en práctica para salir del estado animal e ingresar al mundo ilimitado del desarrollo humano.-

De allí que nos definimos como "seres racionales", que es la razón en potencia, pero tenemos que llevarla a la práctica para ser "seres razonables".-

La precondición potencial de la inteligencia, puede desarrollarse de muchas maneras y en diversos grados, desarrollo en el que interviene las propias condiciones naturales del individuo, el entorno, la experiencia y el conocimiento.-

Quien crea que el cerebro no necesita ejercitarse como cualquier músculo del cuerpo humano, está cumpliendo con la primera máxima de la condición idiota.-

El idiota moderno lleva una marca en el orillo, un sello identificatorio en su frente, una cicatriz en el carácter, una mancha en el comportamiento y tiene que ver con el pensamiento y consecuentemente con el conocimiento.-

El valor más destacable de la inteligencia humana es la facultad de conocernos a nosotros mismos, ser conscientes de quiénes somos, qué sabemos, qué ignoramos, cuales son los límites de nuestras capacidades.-

Si no conocemos lo que somos, es fácil caer en la trampa del autoengaño o de la ignorancia inconsciente.-

El estado de ignorancia

Dejamos de lado la falibilidad humana que algunas veces en el espejo nos devuelve a nosotros mismos como idiotas.- Es, podríamos decirlo, un comportamiento esperado en una persona, que es el fruto circunstancial de instancias de la vida.-

La característica de la idiotez "normal", es en primer lugar una circunstancia en un momento determinado, y especialmente el que la comete toma conciencia de ello pasado un tiempo más o menos corto.-

Es decir, los "idiotas incidentales", que somos todos, sabremos en el momento oportuno reconocer nuestros yerros y, si la oportunidad cabe, tratar de enmendarlos.-

El "idiota permanente", por el contrario, vive su idiotez de manera constante, y en general no es consciente de sus fallos, y si lo es, no tiene disposición a enmendarlos, siendo ello razón para mantenerse con más tozudez en la posición equivocada.-

Por ello, podríamos llamarlo un "estado de idiotez", una posición de individuos que tienen una manera idiota de encarar la vida, y no sólo que no caen en la cuenta sino que muchas veces se vanaglorian de ello.-

Y aquí es dónde quiero hablar de la causa fundamental de la condición idiota: la ignorancia y lo que es su dato más importante, el "estado de ignorancia".-

Con la acumulación exponencial de información a través de Internet, ha cambiado radicalmente las fuentes de acceso al conocimiento, y naturalmente nuestra relación con el saber y, definitivamente, nuestra capacidad limitada para superar la condición de ignorantes.-

Si alguna vez existieron "sabios", esa vez fue en la antigüedad, dónde habría existido la posibilidad de alcanzar la suma del conocimiento, que permitía conocer e interpretar la realidad como un sistema integrado y completo.-

Hoy las cosas son distintas.- Probablemente una persona culta pueda tener una mirada más extensa que un sabio de la antigüedad, pero también son mayores las áreas del conocimiento a los que no podemos acceder por una cuestión de capacidad biológica.-

En el siglo XXI difícilmente se pueda hablar de "sabios" en el sentido antiguo, lo que sí es evidente que existen expertos, como que vivimos en una "sociedad de expertos".-

Está a nuestro alcance la adquisición de conocimientos profundos en algún campo específico, un saber especializado constituye la pieza central del motor que sustenta el crecimiento económico.- La tarea del experto pasa por la investigación, el desarrollo y la aplicación de nuevos conocimientos y dispositivos al campo productivo.- "Innovas o mueres", es la consigna del momento.-

Según Antoni Brey[9], el experto constituye la materialización de la sociedad del conocimiento a la que se refería Peter Drucker, quién acuñó el término en 1969.-

Todas las fuerzas que actúan en el campo del saber experto, son centrípetas según Brey.- Se actualiza la vieja idea de la torre de marfil, nada más que en lugar de una única existen multitudes de pequeñas torres dónde refugiarse, y cada experto se encuentra encerrado en alguna de ellas.-

Sigue sosteniendo el ingeniero español, que el sabio como el experto y la masa son arquetipos ideales que no se dan en forma pura en el mundo real, dónde lo que encontramos son individuos que combinan aspectos de los tres.-

Todos somos una mezcla dinámica y cambiante de sabio, experto y masa.- Quizá en algún momento hemos aspirado a convertirnos en sabios, probablemente somos expertos en algo y durante una parte de nuestro tiempo actuamos como tales, pero cuando abandonamos nuestra especialización pasamos a ser, necesariamente, masa. Y, nos guste o no, esa es la parte más grande del pastel.-

Si extraemos el componente de sabio y de experto, los rasgos esenciales de la masa, en la que casi todos nos encontramos, es la ignorancia.- Según Brey, el nivel cultural de la población se ha incrementado gracias al enorme esfuerzo de la educación generalizada.- Sin embargo, *"una vez alcanzado cierto nivel de funcionalidad, todo indica que en los últimos años no se han producido grandes cambios en el nivel cultural de la masa a pesar de la acumulación exponencial de información y de las potencialidades de las nuevas herramientas tecnológicas que nos tenían que situar en la nueva Sociedad del Conocimiento"*[10].-

Según mi parecer, si nos referimos a la acumulación de conocimiento, los sabios no pueden existir hoy en día por una cuestión lógica de la capacidad biológica.- Hablar de sabios es referirse al pensamiento y a la forma de razonar, como también lo fue antes, pero sin la carga de integralidad en el saber.-

El sabio de hoy, si así puede hablarse, es el que razona mejor, piensa más profundo y es capaz de ingresar al núcleo de las cosas y extraer aquello que nos es negado al común de los mortales cuando pretendemos pensar superficialmente.-

Los expertos vienen a ser, muchas veces, ignorantes de la realidad fuera de su experticia, y si el dato de la masa es la ignorancia, viene a configurarse como el integrante principal del idiota moderno, no porque no acumule información sino por su incapacidad de pensar con racionalidad.-

Creo que entre el sabio, el experto y la masa, hay un campo fértil para que florezca el ser normal, ese sujeto que junto con sus congéneres ayudan a definir una sociedad de seres normales, que no son tragalibros, ni sabios ni expertos de tiempo completo, sino aquéllos que se sienten convocados por el apasionante ejercicio de pensar, de reflexionar, de contrastar evidencias y de darle al cerebro el ejercicio permanente de fortalecerlo.-

La masa, si así quiere llamársela en términos de Antoni Brey, no es unívoca, porque coexisten los idiotas que no piensan y los seres humanos que sí lo hacen, sin necesidad de experticia ni sabiduría, y que constituyen el componente crítico de cada sociedad.-

Soy inconsciente de mi propia ignorancia

Sócrates, considerado el más sabio entre todos

los sabios de la antigüedad, decía permanentemente *"sólo sé que no se nada".-*

Con ello demostraba que el saber debe partir necesariamente de la humildad, y que la arrogancia intelectual nos puede conducir a una ignorancia perpetua, la ignorancia del idiota.-

Siempre creímos que la persona inteligente es aquélla que tiene la capacidad de cambiar de opinión, que sabe reconocer sus equivocaciones, que conoce sus limitaciones, y que no le importa partir de nuevo con tal de transitar el camino de la verdad.-

Todo lo contrario del idiota, que la mayoría de las veces es intelectualmente incapaz de diferenciar lo verdadero de lo que no lo es, y moralmente de reconocerlo y rectificarse si se da cuenta.-

Si con sentido socrático reconocemos no saber lo que no sabemos, tenemos ganado el cincuenta por ciento del conocimiento, porque es a partir de allí que se inicia al camino del saber.-

El idiota moderno es, básicamente, el que no contrasta evidencias, el que no cambia de idea así le demuestren lo contrario.- No le interesa la verdad, le importa lo que piensa o siente como "su verdad", así se contraponga con las evidencias.-

La pereza y la soberbia intelectual, en conjunto con el desentendimiento moral sobre la verdad, son los ingredientes básicos para razonar con estúpida ignorancia.-

¿Qué futuro tiene una sociedad en la que a la mayoría de sus integrantes no les interese la verdad?

Pero el idiota perfecto es el ignorante lleno de

arrogancia e inconsciente de sus propias limitaciones.- El que no sabe que no sabe es un tonto, el que cree saber lo que no sabe es un ignorante doloso que seguramente estará condenado a vivir en las tinieblas de una vida mediocre.-

Decía Lao-Tsé: *"saber que no se sabe, eso es humildad; pensar que uno sabe lo que no sabe, eso es enfermedad"*.-

Como hemos visto, el idiota o el estúpido es alguien que generalmente ignora su condición, y que el mismo califica de tales a los que hacen o dicen cosas que no los satisfacen.-

La pregunta suele ser: si la característica fundamental de la personalidad idiota es la ignorancia de la propia condición, ¿cómo sabemos nosotros mismos si no somos idiotas?

Más adelante, al analizar el pensamiento idiota, iremos dando unos tips que pueden ayudarnos a analizar si lo somos o no, aunque ello requerirá de un esfuerzo moral de bajar nuestras condición de arrogancia, si es que la tenemos.-

Para los que nos creemos fuera de ese azote de la personalidad, tendremos que llevar siempre presente la sentencia de Amélie Nothomb en *Metafísica de los Tubos: "Todavía no he descubierto nada mejor que la idiotez para creerse inteligente"*.-

No hay peor cosa para el idiota que la vanidad, porque es un pecado que lo condenará de manera perpetua a la oscuridad de la ignorancia.-

En definitiva, el idiota es el cree tener todas las respuestas, que defiende su pensamiento basado en la arrogancia, es inflexible, esclavo de sus conceptos, teme equivocarse, no formula preguntas, no busca respuestas, no indaga, no está abierto a nuevas ideas, no sabe que el camino es largo e inexplorado en la mayor parte de su recorrido.-

Utilizando el lenguaje de todos los días, decimos muchas veces que el estúpido es un "pesado", que no piensa lo que dice, que carece en lo absoluto de capacidad de discernimiento, sin detectar la sutil diferencia entre las cosas, que está satisfecho consigo mismo, es pretencioso, presuntuoso y vanidoso.-

Sin embargo, hay que agregarle una nota de relatividad a la condición idiota, que es la teoría de los "sesgos confirmatorios", una tendencia humana, casi inintencionada, a prestarle atención a los argumentos y evidencias que confirmen nuestra previa posición.-

El efecto Dunning-Kruger

La explicación de por qué las personas incompetentes son irritantes, no surge precisamente de su incompetencia sino de su ignorancia.-

La psicología ha demostrado la humana tendencia a no advertir nuestros defectos, cuando ello es tan marcado, aparece el idiota.-

Justin Kruger y David Dunning, investigadores de la Universidad de Cornell (Nueva York), en 1999, analizaron si comparativamente las personas sin habilidades en determinada área tienen mayor tendencia a no advertirlo que las personas más diestras.-

Citan como ejemplo a un ladrón de bancos, Mc Arthur Wheeler, que fue arrestado en 1995 luego de robar dos bancos a la luz del día y sin máscara ni disfraz.- Cuando la policía le muestra las imágenes captadas, el ladrón se quejó, *"pero es que yo estaba usando el zumo..."*; creía que restregándose el zumo de limón se volvía invisible para las cámaras de seguridad.-

La interpretación de Kruger y Dunning es que la capacidad de evaluar con precisión cómo se realiza una actividad depende de la habilidad para realizar esa misma actividad. Por consiguiente, los más incompetentes sufren un doble déficit. No sólo tienen menos destreza, sino que encima carecen de las herramientas mentales para juzgar su propia incompetencia.

Uno es incompetente y a la vez inconsciente de serlo.-

Idiotas privados

Un dato de la realidad que se mantiene hace veinticinco siglos, es que el idiota no ha abandonado su reducto privado, su desentendimiento de las cuestiones públicas, su crítica acérrima a la política como actividad relacionada con lo púbico, su desprecio casi constante contra los que sí participan.-

Estas cuestiones serán tratadas en sucesivos capítulos, cuando hablemos de la democracia idiota, la política idiota y el ciudadano idiota.-

Esta característica de idiotez tiene una importancia sustantiva, no perjudica sólo al individuo que la padece, si así podemos llamarla, sino que impacta de manera mayúscula en la sociedad, en la comunidad política, en el manejo de los intereses comunes.-

Compartimos, por ello, el miedo del padre de Facundo Cabral, porque si son muchos, los idiotas *"eligen hasta el presidente"*.-

CAPITULO III

EL PENSAMIENTO SOCRÁTICO

"Razonaba conmigo mismo y me decía: puede muy bien suceder que ni él ni yo sepamos nada de lo que es bello y de lo que es bueno; pero hay una diferencia: que él cree saberlo, aunque no sepa nada, y yo, no sabiendo nada, creo no saber. Me parece, por tanto, que en esto yo, aunque poco más, era más sabio, porque no creía saber lo que no sabía"

Sócrates

Parece una contradicción y tal vez lo sea.- Hablar del pensamiento idiota y a su vez decir que un idiota no piensa, no resulta difícil extraer dicha conclusión.-

Pero, a veces estiramos la argumentación con el objeto de crear los claros y oscuros para que se diferencie la luz entre las tinieblas.-

En realidad, ningún ser humano carece de pensamiento, es una consecuencia biológica de tener cerebro.-

¿Cómo se produce el pensamiento[11]

Sin pretensión de experticia, al sólo fin de ubicarnos anatómicamente en las funciones del cuerpo humano y literariamente en la mecánica de generación del pensamiento, recurrimos a algunas fuentes para tratar de explicarlo con pretensión de extrema sencillez.-

Haciendo un poco de historia, dice Georges Canguilhem, que hoy ya es de notoriedad pública que el cerebro humano es el órgano del pensamiento. No deja de recordar, sin embargo, que uno de los más grandes filósofos de la Antigüedad, Aristóteles, ha enseñado que la función del cerebro, antagonista de la del corazón, era la de enfriar el cuerpo del animal.

Es Hipócrates quien ha enseñado que el cerebro es la sede de las sensaciones, el órgano de los movimientos y de los juicios, de lo cual da fe el tratado hipocrático *De la enfermedad sagrada* (cf. la epilepsia).

Esta doctrina, retomada, por Platón en el Timeo, se impone en la cultura occidental gracias a Galeno. El aristotelismo militante de Galeno no le impidió realizar investigaciones que confirmaban la tesis hipocrática, llevando a cabo experiencias muy ingeniosas sobre el sistema nervioso y el cerebro.-

Siguiendo al Dr. Edgardo Vega Artigues, diremos que la pregunta, como muchas en la neurociencia (ciencia que estudia el sistema nervioso), hoy no tiene una respuesta definitiva.- Existe sin embargo, un paradigma explicativo que permite orientar y entender el conjunto de resultados y datos científicos hasta ahora conocidos y que nos posibilita plantear propuestas de respuestas a dicha interrogante.-

En primer lugar habría que entender que el cerebro es un órgano compuesto por células, y que desde un punto de vista funcional las neuronas y las glias son las más importantes.-

Las neuronas tienen la propiedad de producir y conducir corriente eléctrica gracias a la cual establecen un sistema de comunicación de tipo electroquímico: la sinopsis ("electro" por lo de la producción de corriente eléctrica y "químico" porque una neurona produce y libra neurotransmisores que son sustancias químicas que estimulan o inhiben a la neurona vecina).-

Se podría afirmar que en nuestro cerebro existen tres tipos de neuronas:

a) las que participan en todas las funciones sensoriales (visión, audición, tacto, gusto y olfato) denominadas neuronas sensoriales.

b) las que participan en la ejecución de os movimientos, claves a la hora de estudiar el comportamiento. Estas son las neuronas motoras, y

c) las más numerosas de todas, son las neuronas que participan en el procesamiento de la información sensorial, en el almacenamiento de la información, y en la planificación de conductas o respuestas. Estas neuronas son fundamentales en el proceso de elaboración del pensamiento, tal vez mucho más que las sensoriales o las motoras y se ubican en la corteza cerebral.

Finalmente un aspecto muy interesante de analizar es que los pensamientos adquieren un formato: el lenguaje. Esto que parece tan obvio, puede determinar, según algunos autores, diferentes capacidades de comprender el mundo, según lo rico o pobre que sea nuestro lenguaje, y con ello afectar nuestras capacidades de pensamiento. Este lenguaje, más que un determinado idioma, significa también nuestra capacidad de interpretación de los contenidos emocionales de las cosas que nos pasan.

Con todo lo anterior, podríamos suponer que una buena respuesta requiere comprender aspectos aún desconocidos de la generación de las emociones, de las capacidades analíticas y de los mecanismos por los cuales las experiencias modifican los circuitos neuronales que participan en el pensamiento.-

El cerebro del ser humano es un órgano complejo.- Los especialistas nos hablan de tres cerebros en uno, como las matrioskas: en el primer cerebro, el más evolucionado, está la inteligencia, la imaginación la creatividad y la vida psicológica más sutil de la persona; el segundo, similar al de los mamíferos, es la base de las emociones, los sentimientos, los impulsos, y tiene su propia lógica de funcionamiento: el tercer cerebro, por último, el más primitivo, asimilado al de un reptil, es el fundamento de las jerarquías, la violencia, el dominio territorial.-

José Cantero[12] simboliza la mente con una estampida de caballos salvajes que necesita ser controlada, apaciguada, guiada.-El ser humano tiene 60.000 pensamientos diarios, de los cuales el 95% están relacionados a pensamientos de días anteriores, y el 80% de esos pensamientos son negativos.-

Así, la mente es un torbellino de miles de pensamientos improductivos, que no adquieren mucho valor y que, además, incuban emociones insensatas que nos alejan de la tranquilidad mental

Decir, entonces, que el idiota no piensa no debe ser tomado en sentido literal, referimos a que no piensa con profundidad, no piensa sin condicionamientos, no piensa con ecuanimidad, no piensa con lógica racional, no piensas con humildad, no piensa con conocimiento, no piensa con tranquilidad.-

Pensar como Sócrates[13]

José Cantero es un autor paraguayo, docente universitario de la cátedra del Pensamiento Estratégico, que escribió la muy interesante obra *"Pensar cómo Sócrates"*, una guía para quién esté interesado en mejorar su manera de pensar, y hacer del pensamiento racional una manera de encarar las instancias de la vida.-

De él tomamos conceptos, que resumimos en una especie de decálogo del buen pensar, basado en Sócrates, para luego, por oposición, descubrir la otra cara, la perniciosa, la del pensamiento idiota.-

El desarrollo del pensamiento es un proceso continuo, nunca termina, y no requiere de títulos, clase social, riqueza, credenciales, cargos.- Se necesita, simplemente, la disposición de ánimo para hacerlo.-

La base necesaria

Para progresar en el propósito de aprender a pensar, resulta una precondición el conocerse a sí mismo, saber cuáles con nuestras fortalezas y nuestras limitaciones, ser conscientes de la propia ignorancia, mirar hacia adentro y tener la mirada objetiva, que es la única manera de ver.-

La introspección y la indagación constituyen el método indispensable para saber nuestros altos y bajos, pero siempre con la brújula de la humildad, única forma de avanzar.- Decía Aristóteles que *"el ignorante afirma, el sabio duda y reflexiona"*.-

Escuchamos a Sócrates: *"Razonaba conmigo mismo y me decía: puede muy bien suceder que ni él ni yo sepamos nada de lo que es bello y de lo que es bueno; pero hay una diferencia: que él cree saberlo, aunque no sepa nada, y yo, no sabiendo nada, creo no saber. Me parece, por tanto, que en esto yo, aunque poco más, era más sabio, porque no creía saber lo que no sabía"*.-

Y allí está la clave y la profunda diferencia de disposición espiritual: la sabia actitud de encarar la vida con humildad, y la actitud idiota de la arrogancia ignorante.-

A partir del conocimiento de uno mismo, hay que examinar cuál es nuestro propósito en la vida, nuestra misión, nuestro norte, porque, al decir de Séneca, *"no hay viento favorable para el que no sabe dónde va"*.-

James Allem diría que aquél que no tenga un propósito central en su vida, cae presa fácil de preocupaciones banales, de miedos, de problemas, de autocompasión.-

Autoconocimiento, humildad y propósito de vida, son consecuentemente elementos que nos ayudarán a pensar como sabios.-

Las fuerzas de la mente

El cerebro del ser humano es un órgano complejo, como ya lo habíamos expuesto más arriba.-

Casi todos, de alguna u otra forma, sabemos de Platón.- El filósofo de la antigua Grecia, seguidor de Sócrates y maestro de Aristóteles, fue uno de los principales pensadores de la era precristiana, que utilizaba principalmente el diálogo como estilo literario en sus manuscritos.- Entre ellas, destaca "La República", en la que expone sus ideas filosóficas respecto al estado y al gobierno ideal.-

Del mismo modo que en el Estado encontramos tres clases sociales, el hombre divide su alma también en tres sectores: racional, irascible y concuspiscible.- La parte racional del alma es la que está dedicada al acto de inteligir, pensar, es la que nos acerca al conocimiento de las ideas, y se ubica en la cabeza.- La parte irascible es la que representa la voluntad y el coraje humanos (la que nos acerca a las pasiones nobles) y se sitúa en el pecho. - Finalmente, la parte concupiscible es la parte apetitiva del hombre, la que nos acerca al deseo y los instintos, y está en el vientre.-

De tal modo, podemos decir que la mente cumple tres funciones distintas y complementarias: pensar, sentir y desear.-

El pensamiento, consecuentemente, no es puro, el deseo o la emoción pueden incidir en nuestra forma de pensar, así como deseo y emoción inciden en el pensamiento.-

Dejados a su libre juego, razonamiento, emoción y apetitos estarán siempre en conflicto, nunca en armonía.- Por ello es que debemos tener un método para pensar, para tener nuestro propio sistema y evitar ser auto engañados por una forma incorrecta de razonar.-

La razón sin emoción es torpe, ciega, está paralizada, ya que la emoción es lo que permite dar valor a las cosas, dice Cantero.- Para demostrarlo, cuenta un caso relatado por el neurocientista Antonio Damasio.-

Damasio tenía un paciente a quién llamó Elliot, padecía de una disfunción cerebral.- Elliot era un Mr. Spock en la tierra, la parte racional y lógica de su cerebro funcionaba de maravillas y su memoria funcionaba normalmente, pero quedó sorprendido al comprobar que al repertorio mental de Elliot le faltaba un elemento.-

Aunque su lógica, su memoria, su atención y las demás habilidades cognitivas no representaban ningún problema, Elliot carecía de algo fundamental: sentimientos. Debido a que el paciente carecía de tono emocional, era incapaz de valorar las cosas y, por lo tanto, de tomar decisiones racionales priorizando los temas.- Lo paradójico era que no encontraba motivo alguno para hacer una cosa en vez de otra.- Debido a que todos los actos tenían el mismo valor emocional, era incapaz de priorizar o distinguir entre aquello de alto interés o lo irrelevante, entre lo conmovedor y lo angustiante.-

Esta apatía paralizante impactó en una forma devastadora en la vida de Elliot, que de ser un próspero abogado pasó a perderlo todo, su carrera, su fortuna, su familia.-

Una excesiva descarga de emociones tiene el efecto de nublar nuestra capacidad racional: *"cuando se exagera un sentimiento, desaparece la capacidad de razonar"* (Gustave Le Bon).- Pero sin emociones, el cerebro es como un barco sin brújula.-

De allí entonces que debemos tener presente el pensamiento racional, que no sólo se corrige y perfecciona a sí mismo, sino que es capaz de regular y moderar los sentimientos y los deseos.- Será la base para vivir una buena vida, verdaderamente moral, libre de auto engaños mentales.-

Para interpretar la relación existente entre la parte racional y emocional de nuestro pensamiento, Sócrates lo presenta como la del auriga o cochero, que conduce un carro tirado por dos caballos, el blanco y bueno, y el negro y malo.-

El caballo blanco simboliza las emociones positivas del ser humano (la bondad, el amor, la compasión, la justicia, el respeto, el deber); el negro, las negativas (deseo, placer, apetito, egoísmo, angustia, miedo, ira).-

El cochero simboliza la capacidad racional que mantiene en sus riendas el control tanto del caballo blanco como del negro.- El cochero que deja que sus caballos se desboquen y salgan corriendo por voluntad propia, se perderá en el camino de la vida.-

Así, ni más ni menos, juegan en nosotros las emociones y deseos.- Y su control está en nosotros mismos, cómo con el cochero de Sócrates.-

Pensar con virtudes

Nuestro pensamiento tiene la natural tendencia a hacernos jugar como estafadores, en el sentido de beneficiarnos en detrimento de otras personas.-

El mecanismo del buen pensar, tiene un componente volitivo que debe ser ejercido por el sujeto con la suficiente energía para torcer la rienda hacia la virtud.-

Pensar con virtudes, a estar a las enseñanzas socráticas, significa:

Pensar con Justicia

Platón decía que para definir la sociedad ideal, que era aquella integrada por hombres justos, debía primero establecerse qué es el "Estado justo" y deducir de ello la verdadera idea de "Justicia", lo que formaría parte de la teoría política.- Por analogía, y ya en el campo de la ética, seguía luego la determinación del "hombre justo".-

La justicia, para Platón, es la virtud más importante, y hombre justo es aquél en el que se da una armonía o equilibrio entre las tres partes del alma: es justo aquél cuya alma racional (siendo prudente) domina a la parte irascible (que será valiente) y ambas orientan al alma concupiscible (que será atemperada).- De tal manera, configura un modelo ético basado en el autocontrol y en el dominio racional sobre sí mismo.- El hombre que logre esos objetivos será armonioso y justo.-

La "ética" nos conduce naturalmente a la "política": hace falta una sociedad justa para educar a hombres justos, y sólo hombres justos constituirán una sociedad justa.-

No es que, de manera simplista, somos como sociedad el resultado aritmético de la suma de individualidades, sino que es contradictorio pretender que el alma social sea distinta a lo que son la mayoría de las almas individuales.-

De allí que, en términos platónicos, debemos hacer prevalecer en nuestros propios comportamientos individuales la parte del alma racional, aquélla que se relaciona con la sabiduría y consecuentemente con un proceder justo en nuestros actos y juicios individuales.-

Si obramos con la mentalidad natural del egoísmo, cuando intentamos de todos modos descalificar la opinión del prójimo que no coincida con la nuestra, cuando tratamos de inclinar la balanza hacia nuestra parte, independientemente de las razones y argumentos, cuando le damos a nuestros pensamientos y opiniones el sesgo que confirme sólo nuestras posiciones, evidentemente no estaremos pensando con justicia.-

Pensar con justicia consiste en valorar las ideas y opiniones por lo que son, independizándolas de las personas que la esgrimen, incluyendo la propia.-

El hombre común debe tener la aspiración de ser un hombre justo.-

"Ganamos justicia más rápidamente si hacemos justicia a la parte contraria", decía Mahatma Gandhi, y todo comienza en nuestra mente, sopesando con la mayor objetividad posible los argumentos esgrimidos de las distintas partes.-

Ese comportamiento nos convertirá en hombres justos y valorados.-

Pensar con humildad

El complejo de superioridad artificial debe ser el pecado mayor en la conducta humana.-

Tendemos a creer que la experiencia de los años necesariamente nos otorga sabiduría, leemos algunos libros (si es que lo hacemos), sabemos cuatro cosas, y se constituye el combo perfecto para tener ínfulas de superioridad intelectual.-

No hay conocimiento, mente abierta, espíritu sabio, raciocinio equilibrado, si partimos de la oscura estación de la pseudo erudición.- Ya habíamos dicho que el 50% por ciento del conocimiento se adquiere con el simple y decisivo hecho de conocer nuestros límites, de saber lo que no sabemos, de tener la humildad de reconocerlo.-

La humildad, en este caso, es el componente necesario del proceso del conocimiento, porque seguramente nadie que ignore su propia ignorancia intentará estudiar, escuchar al otro, perfeccionarse, obrar con sensatez.-

El pensador humilde es flexible, amplio, formula preguntas, indaga, busca respuestas, reconoce sus equivocaciones, tiene disposición a enmendarlas, en definitiva construye su propio saber a partir de la formidable plataforma que significa el conocimiento de su propia falibilidad.-

Pensar con valentía

El hombre mediocre suele querer identificarse con el pensamiento de la mayoría, aunque no esté convencido de ello.- Suele ser una cuestión de comodidad, más que ello de cobardía espiritual.-

Decía Wendell Phillilps que *"la valentía física es un instinto animal; la valentía moral es mucho mayor y un coraje más verdadero"*.-

Pensar con valentía implica reconocer y enfrentar nuestros miedos al ridículo, al fracaso, al desprestigio, o a la seguridad y el calor de la opinión mayoritaria.-

En general, queremos acompañar el pensamiento colectivo, compartir la opinión de nuestro grupo de amigos, no queremos pagar el precio de exponer y valorar nuestras propias ideas, tememos ser excluidos.-

Las valentía intelectual es la fortaleza mental de librar una lucha interna para enfrentar las creencias, ideas y puntos de vista, tanto propias como aquéllas del grupo de pertenencia.-

Otra de las razones que muchas veces nos induce a mimetizarnos con la opinión mayoritaria, es el miedo a la soledad, un mal que aqueja a gran parte de la sociedad, paradójicamente en un *tiempo de alta conectividad.-*

Esa falta de valentía ha sido definida como falta de identidad, una característica de la personalidad idiota.-

Me permito transcribir un artículo escolar escrito por mi nieta Lara Agostina Simonetti, cuando tenía catorce años (2013), que con elocuencia describe el comportamiento juvenil:

"A medida que el tiempo avanza, el modelo de perfección humana se va modificando. Al principio la aspiración de nuestra raza era igualar a los dioses que adoraban. Este inicial modelo a seguir reunía tanto conocimientos intelectuales y valores morales como belleza física. Con el correr de los años, este modelo ha sido corroído, y casi nunca se ha de tomar en cuenta algo más que la apariencia para lograr el sueño de la juventud actual: lograr encajar en un grupo social.

El poder igualar a personas o estereotipos que admiramos ha sido de nuestros principales objetivos por generaciones, para imitar a las personas a nuestro alrededor, para encontrar similitudes con ellas, y en fin, para aumentar nuestras posibilidades de relacionarnos. Gracias a estos nuevos objetivos impuestos por la sociedad, la búsqueda por cumplirlos se ha vuelto extenuante, hasta el punto en el que los jóvenes principalmente comienzan a negarse a sí mismos, a su verdadera forma de ser y a sus gustos, todo con tal de evitar la soledad.

Hoy en día seguimos a seres que no necesitan demostrar tener cualidades especiales, y cuya pobre forma de expresarse basta, mientras que sus opiniones vendan. Los idolatramos muchas veces sin razón alguna, hasta se diría que por costumbre. Estos seres a los cuales muchas veces cuestionamos en nuestros hogares y cuyas palabras sin embargo pagamos por oír, estos son los seres que minuto a minuto absorben nuestra singularidad, usando como instrumento el deseo de ser como ellos.

Déjenme preguntarles, ¿por qué nos dejamos oprimir? ¿Por qué dejamos que nos domine el miedo a expresar una opinión contraria? ¿Por qué hemos elegido conservar las aspiraciones exteriores a las interiores? Con estas decisiones creeríamos haber facilitado el alcanzar el ideal de perfección humana, pero solo lo hemos distorsionado hasta un punto en que llega a ser decepcionante. Este modelo que prefiere lucir bien a ser partidario de las buenas acciones, este es el modelo a seguir que impusieron las últimas generaciones. Es nuestra decisión dejarlo subsistir o no. Es nuestra elección: ¿queremos ser reconocidos por nosotros mismos, tener una identidad propia, o ser como el resto, intimidados solamente por el miedo a la soledad?"[14]

En suma, Lara nos invita a pensar con valentía, a dejar atrás la cobardía de seguir al rebaño, actitud propia del idiota, que por miedo practica el "seguidismo" en los distintos planos de la vida.-

Pensar con perseverancia

Lo contrario de pensar con perseverancia es pensar con pereza.- Quien tiene la impronta perezosa, es incapaz de profundizar un análisis y menos aún llegar a concluir con un propósito determinado en la vida.-

El "así nomás es" que muchas veces domina nuestra personalidad, seguramente nos conduce, por pereza mental, a la mediocridad.-

Dice Cantero[15] que cada uno de nosotros es una mina de oro y a la vez es su propio minero.-

Areté es un concepto arraigado en la Antigua Grecia, se refería a la capacidad de excelencia de las cosas.- Un barco tiene *areté* si es capaz de navegar con eficiencia.- Un soldado con *areté* es valiente y diestro para el combate.-

Sócrates traslada el concepto de *areté* de las cosas al ser humano, aquello que lo hace mejor, especialmente en el sentido moral.- *Areté* es aquello en lo que el ser humano encuentra su perfección o su excelencia, en el sentido moral de ambos términos.-

Pues bien, para que cada uno alcance su *areté*, debe tener conciencia de su estado actual y del propósito de su vida.- Pero si tu mente está dominada por el tedio, por la comodidad, por la pereza intelectual, por el "masomenismo" mental, no existe posibilidad de alcanzarlo.-

Decía Sócrates que *no es perezoso sólo el que no hace nada, sino también el que pudiendo hacer algo mejor, no lo hace*".-

Pensar con serenidad

Tomar el timón de nuestra mente es el objetivo.-

Escuchaba siempre decir a mi madre que *"la mente es la loca de la casa"*.- Y es verdad.- Si ella corre libremente, es muy posible que se desboque y no tenga control.-

Aunque parezca una afirmación extraña, generalmente es la mente la que nos gobierna a cada uno de nosotros, no nosotros a ella.- Y la meta a lograr, con gran voluntad, es cambiar esta dinámica que alcanza límites insospechados.-

Habíamos dicho que el ser humano tiene 60.000 pensamientos diarios, de los cuales el 80% son negativos.- Las perturbaciones generalmente son creadas interiormente por nosotros mismos.- Algunas veces también pueden venir del mundo exterior, como una ofensa recibida.-

Los sucesos pueden agruparse en tres categorías:

- Aquellas cosas sobre las que no tenemos ningún control, de las que no debemos gastar tiempo en preocuparnos siquiera.-
- Sucesos sobre los que tenemos cierto control, como cuando jugamos un partido de tenis.- La actitud pasa por no alterarnos en caso de no alcanzar la meta del triunfo, teniendo en cuenta que si jugamos al máximo de nuestra capacidad, nada tenemos para reprocharnos por objetivos externos.-
- Por último, están aquellas cuestiones sobre las que tenemos absoluto control, en ellas debemos poner plena atención y preocuparnos por controlarlas.- Nos referimos a nuestros valores, conducta ética, formación educativa, deseos, decisiones, actitud, pensamiento racional y creativo.-

Volcar nuestra energía en lo único que está a nuestro alcance, nuestro mundo interior, nuestra mina de oro, debe ser nuestro propósito de todos los días.-

La plegaria de la Serenidad nos indica el camino: *Dios, concédeme serenidad para aceptar las cosas que no puedo cambiar, fortaleza para cambiar las que puedo, y sabiduría para entender la diferencia".-*

Pensar con claridad

La falta de claridad en el pensamiento es como un muro que separa.- Si todos piensan de forma oscura y opaca, nadie entendería a su semejante, el conocimiento sería inexistente y la comunicación imposible.-

En mi profesión de abogado, había un colega muy experimentado que tenía por costumbre presentar escritos con argumentos confusos, con el objetivo de confundir al Juez.- En el ámbito tribunalicio, ello era visto como una "viveza criolla" que le permitía ganar allí dónde no tenía razón.- Yo pensaba que, simplemente, podía ganar allí dónde se encontraba con un Juez "idiota".-

"Convertir lo simple en complicado está al alcance de todos; convertir lo complicado en simple, asombrosamente simple: eso es creatividad" (Charles Mingus).-

La oscuridad sólo es iluminada por un pensamiento claro.-

Pensar con precisión

Rudyard Kipling, escritor y poeta británico, en su obra *Just go Stories* (1902), abre un poema de la siguiente manera:

Tengo seis honestos sirvientes

Me enseñaron todo lo que sé

Sus nombres son Qué y Por qué y Cuando

Y Cómo y Dónde y Quién

La precisión del pensamiento conforma la sustancia del mismo, complementada por la claridad para exponerlo.-

Pensar con fiabilidad

La fiabilidad está relacionada con la veracidad.- Si nuestras premisas son inciertas, si nuestra información no es valedera, nuestro pensamiento no será fiable.-

Especialmente hoy en día, en que la información es tan profusa y prácticamente inasible, debemos saber escoger las fuentes y sopesar las mismas.-

El hombre prudente debe pensar con fiabilidad, y ello supone una actitud responsable en el análisis de su información.- "Agarrarlas con pinzas", sopesarlas, debería ser la conducta.-

Pensar con amplitud

No debemos cruzar el bosque y sólo ver leña para el fuego, como diría León Tolstoi.- Debemos ampliar la mirada y no encerrarnos en el estrecho sendero de nuestros preconceptos.-

Muchas veces, la mirada egocéntrica, la limitada educación, la carencia de valores, generan una mente estrecha, y cuando ello sucede se limitan las posibilidades de acceso al conocimiento.-

Cómo dice un proverbio árabe *"a un cerebro ciego, de nada le sirven los ojos"*.-

Hay que decir también que el origen de un pensamiento estrecho suele ser motivado por la humana tendencia de la mente a tomar en cuenta sólo aquello que confirma lo que creemos.- Es lo que se llama en psicología la *teoría de los sesgos confirmatorios*, que trataremos más adelante.-

Pero reafirmamos, una vez más, que la mirada sabia de las cosas no sólo se basa en la humildad, sino también en la amplitud con que encaramos nuestra visión de vida.-

Pensar con profundidad

La superficialidad no contribuye a un pensamiento sólido.- Antes bien, es uno de los elementos destacables del saber vulgar.-

Obviamente que existen temas simples que

conforman el día a día de la vida humana, en los que no necesitamos la meditación profunda, sólo el sentido común y la acción consecuente.-

Pero, en las cosas complejas un pensamiento superficial indicará una solución incorrecta o no suficientemente valorada.-

Pensar con relevancia

Identificar el tema central en debate, es la piedra angular de la relevancia al pensar.- "No irse por las ramas" es el objetivo.-

No resulta tan sencilla la identificación del núcleo de la discusión, se necesita cierta disciplina y capacidad de orientación para no desviarse del tema.-

Pensar con significancia

La significancia sería la especie de la relevancia.- Identificar los aspectos sustantivos, ubicarlos en orden de importancia, sería la labor del que piensa con disciplina y lógica.-

Es la tarea que precede a la identificación del tema central.-

Enfocarnos en aquellos aspectos importantes de un tema, importará también desechar los insignificantes, que pueden confundirnos y llevarnos por un camino equivocado.-

Pensar con curiosidad y desde la ignorancia

Estar lleno de falsas convicciones es el muro que muchas veces nos separa del saber.- El dogmatismo, las teorías inmutables, las creencias no fundamentadas, nos cierran el paso a la curiosidad, y no hay terreno más yermo para el pensamiento que aquél que no esté abonado por la curiosidad.-

Jerrey Spence decía que *"prefiero que mi mente se abra movida por la curiosidad a que se cierre movida por la convicción"*.-

La piedra fundamental del pensamiento socrático es la curiosidad.- La curiosidad nace de la actitud de ignorancia, y se genera en los espíritus humildes.-

El sabelotodo, el que no opina sino pontifica, el que se enamora de su propio pensamiento, no es curioso y no tiene capacidad para reconocer su propia ignorancia.-

"Vaciar la vasija" es lo que aconseja el maestro budista Zen, que no significa otra cosa que admitirnos ignorantes, con conocimientos limitados, falibles por naturaleza.-

Zen así lo enseñaba: el aprendiz, ansioso de asimilar rápido la sabiduría del maestro, sostenía en sus manos una vasija en la que el maestro empezó a cebar el té hasta que al poco tiempo comenzó a llenarse y luego desbordarse. Pese a ello, el maestro no paró de servir y el té ya se derramaba como raudal. *"-Maestro, maestro, la vasija está llena"* intervino el discípulo, quién añadió, *"-ya es suficiente, pare de cebar, se está desparramando"*. El maestro sentenció: *"-Querido discípulo, la copa está tan llena como tu mente. ¿Cómo podré llenar una copa si no está vacía?"*

Pensar con el oído

Tenemos el concepto que una persona es inteligente por lo que dice, pero jamás por su capacidad de escuchar.- Y ello es un grave error, porque para el conocimiento no hay nada más importante que saber escuchar.-

La escucha es el complemento necesario del diálogo, no puede existir éste si no hubieran partes que hablaran y escucharan de manera alternada.- *"Para saber hablar es preciso saber escuchar"*, decía Plutarco.-

Generalmente, la palabra debe suceder a la escucha, y quien quiere ser un hombre sabio, primero debe aprender a escuchar, luego a pensar y por último a hablar.-

Escuchar es un acto de pensamiento colectivo, que requiere al menos la interacción de dos personas.-

Se ha dicho, y con razón, que existen muchos cursos de oratoria y demás actividades relacionadas con el buen hablar, como la lectura y comprensión, la redacción y la argumentación, pero el sistema educativo es deficitario para aprender y perfeccionar nuestra capacidad de escuchar.-

Escuchar es una función activa, no pasiva de la mente.- Debemos poner energía en el proceso de la conversación, del debate, del diálogo, porque *"escuchar activamente implica el desarrollo del pensamiento del oído"* (Cantero)[16].-

Cuántas veces, demasiadas, la interlocución se constituye con uno que habla y otro que no escucha a su interlocutor por pensar en su propia argumentación a desarrollar acto seguido.- Es el hábito de mantener, en las conversaciones, los ojos abiertos pero los oídos cerrados.-

La Marquesa de Sevigné nos da la traducción anatómica de la importancia de escuchar: *"Si los hombres han nacido con dos ojos, dos orejas y una sola lengua es porque se debe escuchar y mirar dos veces antes de hablar".-*

De cualquiera siempre tenemos algo que aprender, así que no saber escuchar es el acto más negativo e intolerante de la condición humana en sociedad.-

Pensar con koinomía

Sócrates desarrolló la *koinomía* para la comunicación grupal y el intercambio de ideas en la antigua Grecia.-

El debate implica una puja de pareceres con el objetivo de atacar, desarmar y derrotar con palabras al contrincante.-

La *koinomía*, en cambio, es un acto de pensamiento colectivo mediante el diálogo constructivo, que no busca imponer pareceres o ideas, no pretende la victoria intelectual, sino simplemente la construcción de una nueva idea a partir de pareceres distintos.-

Obviamente que su objeto no es pasar el tiempo hablando de un tema, sino compartir ideas a partir de la interacción, para aprender y construir nuevos pareceres.-

Pensar con técnicas

Sócrates enseñaba a pensar con técnicas que facilitaran la interacción de ideas y la creación de nuevos conocimientos.-

Una de ellas es el pensamiento inductivo.- Tiene como punto de partida lo particular y visible y se proyecta hacia lo general y abstracto.-

La metodología de Sócrates tenía los siguientes pasos: primero se toma un concepto o definición particular considerado como verdadero por la mayoría, al que se le da el nombre de "tesis".- Luego, en el segundo momento, se busca alguna excepción a la definición inicial, sus problemas, inconsistencias o contradicciones, a la que se denomina "antítesis".- El tercer paso es lograr una "síntesis" o "proposición" que albergue la imprecisión en la nueva definición.- La síntesis, de esa manera, se convierte en nueva tesis, y así sucesivamente continuar el proceso hasta finalmente alcanzar una síntesis que no pueda ser rebatida.-

Cómo diría Henry Mayhew, *"el método deductivo es el modo de utilizar el conocimiento, y el método inductivo el modo de adquirirlo".-*

En sus diálogos, Sócrates utilizaba de manera intensiva la pregunta, cómo modo de disparar el pensamiento, una pregunta es una semilla, y el maestro griego fue un "gran preguntón".-

El contraejemplo, la metáfora y el razonamiento matemático, constituían elementos indispensables de su inductiva metodología de adquirir el saber.-

CAPITULO IV

EL PENSAMIENTO IDIOTA

"Haga como Demetrio, quién decía de las personas que carecen de cultura: da lo mismo que hablen o se tiren pedos"

Consejo de Lucién Jerphagnon a Michel Onfray

Casi diríamos que el pensamiento de un idiota es la contracara del pensamiento socrático.-

Lucién Jerphagnon fue un helenista de fama internacional, que recopiló pensamientos sobre la estupidez en su obra *¿La estupidez? Veintiocho siglos hablando de ella.-* Refiriéndose a los estúpidos como personas carentes de cultura, aconsejaba a Michel Onfray: *"Haga como Demetrio, quién decía de las personas que carecen de cultura: da lo mismo que hablen o se tiren pedos".-*

Es cierto, los modelos puros no se compadecen con la naturaleza del ser humano, como que no todo es blanco o negro, no somos absolutamente buenos o absolutamente malos, no pensamos como Sócrates consistentemente o como idiotas absolutamente, por lo menos no todo el tiempo.-

Un pensador socrático puede ser de tanto en tanto un "idiota incidental", lo somos todos en algún momento de nuestra vida, nadie es perfecto.-

Pero el "idiota genético" (si así puede llamárselo), es aquel cuyo comportamiento persistente es incumplir los mandamientos socráticos, que no son raros ni difíciles de llevar a cabo, se necesita tan sólo buena voluntad, un criterio normal y un propósito de vida.-

Decía Jorge Muñoz Cepeda que *"los idiotas somos los especímenes más influyentes en el planeta Tierra. La crueldad, la ignorancia, la pereza, la avaricia, la mediocridad, la hipocresía son algunas de nuestras características esenciales"* y, parafraseando a Facundo Cabral, agregaba que somos tantos que *"tenemos garantizada nuestra supervivencia".-*

Aunque ello sea cierto, existen claros modelos de contraste, que comienza con la actitud de humildad para pensar.- A partir de ahí, y con el método socrático, seguramente aprenderemos a pensar distinto que el idiota diario.-

¿Cómo piensa un idiota?

Pensar con egocentrismo

Cómo el idiota no es humilde, tampoco reconoce su ignorancia, antes bien su comportamiento es arrogante, a pesar de una intelectualidad pobre.- Su palabra es ley, aunque no tenga ni jota de fundamentos.-

No es raro, entonces, que piense de manera egocéntrica.- El pensamiento egocéntrico es el que incorpora de manera dinámica cualquier elemento que justifique su punto de vista, mientras que rechaza, descarta, desoye y desvaloriza todo aquello que sea contrario a su opinión.-

El apego de una persona a sus pensamientos suele suceder cuando alcanza cierto grado de éxito en lo que emprende, la invade cierto sentimiento de infalibilidad, y cae en la trampa del engaño mental de su ignorada ignorancia.- Se siente ofendido ante cualquier crítica y considera a los demás con insuficiente nivel o autoridad para juzgarle.-

"Es cierto porque creo en ello" (egocentrismo), *"es cierto porque creemos en ello"* (sociocentrismo), son las manifestaciones típicas del idiota que piensa que el mundo gira en torno a su persona y que sus opiniones son válidas por el sólo hecho de que provienen de él mismo.-

El idiota no piensa con virtudes, no es humilde, cree saber lo que no sabe, tampoco intenta ser justo con sus apreciaciones, su pensamiento no es valiente ni perseve-

rante, tampoco piensa desde la serenidad sino de la arrogancia.-
Su manera de pensar no tiene los filtros de la claridad, la precisión, la fiabilidad, la amplitud de criterio, la profundidad, la relevancia, la significancia.-

El idiota no está en el mundo con actitud de curiosidad, cree que lo sabe todo o casi todo, no sabe escuchar, carece de método, no contrasta evidencia, nunca tiene preguntas, sólo convicciones de su propio dogma, obviamente la *koinomía* o pensamiento colectivo no es su método de adquisición de conocimientos.-

Pensar en la Hybris

La moral griega es una moral de la mesura, la moderación y la sobriedad, obedeciendo al proverbio *pan metron*, que significa literalmente "la medida en todas las cosas", o mejor aún "nunca demasiado" o "siempre bastante".-

La desmesura designa el hecho de desear más que la justa medida que el destino asigna, para los griegos ello era la *hybris*, el pecado, y era castigado por los dioses.-

La arrogancia desmesurada que suele aflorar en nosotros cuando hemos alcanzado cierto grado de poder, autoridad o superioridad, es el pecado de la *hybris*, una verdadera enfermedad, la enfermedad del poder.-

Sus síntomas son muy visibles: el pecho se hincha de orgullo, miras a los demás desde el hombro, el resto son personas minúsculas, tus pensamientos ya no necesitan de los demás pues eres autosuficiente, infalible, poseedor de la verdad.-

Como se puede ver, es la enfermedad del idiota, ese orgullo desmesurado que conlleva la ceguera moral.-

Lo verdaderamente peligroso de este mal, es que suele incubar muy frecuentemente en los jefes de estado.- La "seducción del poder" les provoca cambios psicológicos que los llevan a creerse infalibles, propietarios monopólicos del saber y operadores de una moral fuera de lo ordinario.-

El síndrome de Hubris, que toma su nombre de la gente que robaba escena en el escenario griego, es un trastorno de la personalidad, especialmente en las personas con poder.-

A la posibilidad de contagio de la *hybris*, que puede atacar todo nuestro sistema racional, debemos inmunizarnos con la utilitaria vacuna del "pensamiento con humildad", recurso éste del que carece el idiota.-

"Darse contra el suelo" es el baño de realidad que necesitan los poderosos para superar su mal, sucede sólo cuando se cae del poder, aunque generalmente sea tarde para recuperar el equilibrio mental.-

El gen idiota del ser humano

Dentro de nosotros mismos, seres que nos consideramos normales, tenemos un componente idiota que muchas veces entra en escena en la elaboración de nuestro razonamiento sin que nos demos cuenta.-

Es un truco que la mente nos juega para confirmar todo aquello que ratifique nuestras creencias.-

En psicología se los denomina *sesgos confirmatorios*.- Una definición de Wikipedia nos ayudará a entenderlo: *"El sesgo de confirmación o sesgo confirmatorio es la tendencia a favorecer, buscar, interpretar y recordar la información que confirma las propias creencias o hipótesis, dando desproporcionadamente menos consideración a posibles alternativas. Es un tipo de sesgo cog-*

nitivo y un error sistemático del razonamiento inductivo. La gente muestra esta tendencia cuando reúne o recuerda información de manera selectiva, o cuando interpreta sesgadamente. El efecto es más fuerte en publicaciones con contenido emocional y en creencias firmemente enraizadas. También tienden a interpretar que las pruebas ambiguas apoyan su postura existente".-

El comportamiento sesgado en el análisis de la información y de las evidencias, es un proceso que se desarrolla en nuestra mente, que no siempre es consciente, y que nos dirige a actuar selectivamente en apoyo de nosotros mismos.-

Ser una persona ecuánime es corregir con las riendas de la voluntad y de la razón el derrotero natural del proceso de pensar.- La mayoría no somos "genéticamente" justos en nuestras apreciaciones, tomamos partido sin sopesar argumentos y evidencias, y nos sentimos placenteros con todo aquello que nos otorgue la derecha.-

Es, como dijimos más arriba, el componente idiota de la mente humana, que no nos conduce necesariamente a la verdad objetiva, sino a la afirmación de aquello que nos produce bienestar.-

Existen tres maneras de acercar agua para nuestro molino argumental: la primera, es la búsqueda unilateral de información; la segunda es la interpretación arbitraria de las evidencias y conocimientos; la tercera es lo que llamamos la "memoria selectiva", es decir recordar sólo aquello que nos favorece.-

El sesgo de confirmación con frecuencia es el resultado de un procesamiento automático, no intencionado, que combina mecanismos de motivación y de cognición.-

Las explicaciones cognitivas para el pensamiento sesgado, se basan en las limitaciones de la capacidad de

CAPITULO V

EL IDIOTA "ON LINE"

"El drama de internet es que ha promocionado al tonto del pueblo al nivel de portador de la verdad"

UMBERTO ECO, Diario La Stampa

La caraturización del mundo

Lo primero que se me ocurre preguntarme en la era de la cibernética, la hiperconexión, la explosión tecnológica, es si los seres humanos somos más felices, mejoramos nuestras relaciones, somos más humanistas, nuestro saber ha aumentado, tenemos una mejor comprensión del mundo,-

El manejo que hacemos de internet, de los medios tecnológicos, de la comunicación a un click, de las redes sociales, ha creado un mundo paralelo con sus propios códigos.-

Existe un mundo real, cada vez más arrinconado, dónde vale la conversación directa, el abrazo, el contacto de la piel, la mirada en los ojos, la impresión de primera mano,

¿Comporta la red una forma de progreso social e individual o constituye el envilecimiento del conocimiento y la banalización de las relaciones humanas?

Los números fríos nos indican una realidad caliente: en el mundo actual, internet y las redes sociales por su intermedio, constituyen ya una extensión del ser humano, inciden de tal manera en su comportamiento y personalidad, que muchas veces éstas resultan moldeadas por la realidad virtual, que no siempre coincide con la realidad fáctica.-

Se ha dicho, con cierta razón, que estos medios tecnológicos obran como una prolongación de nosotros mismos, imponen conductas y realidades que adquieren importancia o validez a través de la magnitud de las adhesiones recibidas, los "like" ya famosos.- Pero a su vez, así como alimentamos la realidad virtual, somos influenciados por ella, en un campo difuso que no diferencia lo atractivo de lo verdadero.-

Creo que el debate hoy ya no hace centro en su realidad ontológica, el interrogante no es existencial, el mundo virtual existe, está entre nosotros, forma parte de nuestra rutina diaria, ha generado un entramado de relacionamientos, información profusa, comunicación instantánea, convivencia "a un click", que no tenemos duda en calificar este tiempo como "época 2.0".-

La vida en esta cibersociedad es distinta a la tradicional, tanto que el ciudadano ha sido casi reemplazado por el usuario y el número de documento de identidad por la contraseña.- Existimos en tanto somos usuarios, y somos reconocidos en los espacios cibernéticos por el "username" y el "password".-

Sin dudas que los medios tecnológicos están a disposición del ser humano, pero ¿será la tecnología el monstruo que nos trague o será lo que nosotros hagamos de ella?

Una de las cuestiones más destacables en el "idiota cibernético" es principalmente su dificultad de separar el mundo real del virtual, confundiendo información con conocimiento, amigos con contactos, exhibición con relacionamiento, lectura superficial con estudio.-

Sentado en el sillón frente a la computadora, con el ratón en la mano, o utilizando los pulgares en el smartphone, el idiota construye su propia monarquía, sintiéndose con la autoridad del poderoso y los conocimientos del sabio.-

¿Estamos en una nueva época?

Peter Watson, un autor dedicado a estudiar la historia del pensamiento, manifiesta sus reservas respecto a que la presente sea una época excepcional.- Considera, sin dejar de reconocer que es un tiempo interesante, que no es excepcional, es un ejemplo más de la ceguera particular que nuestra era solipsista (solamente yo existo) tiene sobre sí misma.-

Los individuos tenemos la tendencia a destacar la excepcionalidad de nuestro tiempo, una percepción que por cierto no escapa a los gobiernos que generalmente se consideran a sí mismos fundacionales.-

Según Antoni Brey[17], es ésta una apreciación que ignora el carácter esencialmente monótono y homogéneo de esa sucesión constante de existencias que denominamos la Humanidad.-

El autor español, estima que para otorgarle el carácter de singularidad a una época, debemos tener en cuenta dos facultades fundamentales del ser humano: su *habilidad para manipular el entorno* y su *capacidad para comunicarse de manera simbólica*.-

La excepcionalidad vendrá determinada por la existencia de alguna modificación sustancial en cualquiera de las dos facultades, caso contrario apenas se considerará como las rugosidades inherentes al camino.-

Dice Brey que se han producido modificaciones importantes en los dos parámetros en consideración: con el surgimiento de las actuales tecnologías de la información, ha habido un salto cualitativo en *las habilidades para manipular el entorno*, como lo fueron en su momento el control del fuego, la invención de la agricultura, el descubrimiento de los metales, la revolución industrial.-

Los cambios en el otro factor, *la capacidad de comunicarnos*, aparecen incluso con menor frecuencia en la historia y son de una trascendencia aún mayor, pues la comunicación es la base de la cultura, entendida en el sentido más amplio y, por lo tanto, constituye el fundamento de todo lo específicamente humano que supera nuestra biología animal. Pues bien, esa capacidad de comunicarnos se transforma en contadas ocasiones, y lo hace en forma de saltos gigantescos cuya influencia es tal que determinan los principales cambios de rumbo de nuestra historia.-

En esa línea de análisis, realiza un análisis topológico de la manera en que fluye la información.-

Existen dos categorías básicas, y se ha agregado una tercera, que es la que consideramos:

a) la comunicación *uno a uno*, correspondiente a una topología lineal, como la comunicación oral, el teléfono, el telégrafo o el servicio postal;

b) la comunicación *uno a todos*, representada por una topología de árbol, en la que existe un único emisor y un número elevado de receptores, tal el caso de la prensa escrita, los libros, la radio y la televisión.-

c)   En el ámbito de la comunicación humana ha aparecido una tercera posibilidad en la clasificación topológica, la de *todos con todos*, asociada a una compleja forma de red.- Los individuos han dejado de ser simples receptores pasivos y se han convertido en elementos activos de una estructura dentro la cual se relacionan sin verse afectados por muchas de las restricciones que hasta hace muy poco imponía la existencia física del espacio y el tiempo.- La interacción es multiplicada infinitamente por las centenares de millones de conexiones de alta velocidad y la multitud de dispositivos aptos, un proceso de convergencia tecnológica que hace cada vez más invisible la complejidad subyacente.-

Esta verdadera revolución, según la opinión de Brey, comparable a la aparición del habla, de la escritura o de la imprenta, está transformando de tal manera al mundo y sus relaciones, que no duda en afirmar la rotunda singularidad de nuestro tiempo, calificándolo como la *Segunda Edad Contemporánea.-*

Infoxicación

Debemos partir de la base que la información no es conocimiento.-

La información viene desde el exterior, el conocimiento reside en el cerebro humano y es producto de sus procesos mentales.-

En el título de ésta sección, se hace referencia a la intoxicación por exceso de información.- El estómago tiene una determinada capacidad, si le damos comida en volumen mayor, los jugos gástricos no podrán procesarla y seguramente terminaremos vomitando.-

El cerebro otro tanto, por razones biológicas está preparado para procesar cierta cantidad de información, y atiborrarlo con excesos puede significar que el individuo no pueda utilizar su capacidad más valiosa, que es la de organizar la información y procesarla en función de su capacidad de razonar.-

En este mundo hiperconectado, la información se ha vuelto un monstruo de mil cabezas, que crece de manera exponencial, alimentado por millones de personas que contribuyen infatigablemente las veinticuatro horas del día, aportando desde simples fotografías digitales a profundas reflexiones en el campo del saber.-

Es tal la ductilidad de las herramientas tecnológicas, que podemos acceder a esa biblioteca infinita con un "click", de modo tal que la información disponible se ha vuelto para las personas completamente "inaprensible" por lógicas razones biológicas.-

El *homo universalis* ya fue desbordado desde la creación de la imprenta, el sabio generalista desapareció precisamente por la imposibilidad del individuo de absorber la biblioteca.- *"Cuando se proclamó que la Biblioteca abarcaba todos los libros, la primera impresión fue de extravagante felicidad. Todos los hombres se sintieron señores de un tesoro intacto y secreto"* (Jorge Luís Borges, *La Biblioteca de Babel*).-

Con mayor razón hoy, que al decir de Brey, nos encontramos en una nueva biblioteca dónde se construyen nuevas salas, dedicadas a nuevas disciplinas, que rápidamente se llenan de volúmenes que ni siquiera tendremos la posibilidad de visitar en su integralidad.-

Es por ello que la *infoxicación*, es una patología contemporánea que puede enfermar hasta las mentes más lúcidas, cayendo en la creciente dificultad para discriminar lo importante de lo superfluo y para seleccionar fuentes fiables de información.-

Mucha información, poca formación

Habíamos dicho que la información es externa al individuo y que el pensamiento es interno.-

Hoy por hoy, los saberes externos son casi infinitos, pero el ser humano tiene una capacidad finita para abarcarlos.-

Pero, cierto es que, a partir de los elementos externos que adquirimos, la información, comienza el proceso interno de razonamiento que configura finalmente el pensamiento.- Nada gano con incorporar externidad, si no estoy dispuesto a elaborarla en mi yo interno.-

El conocimiento reside en nuestro cerebro, es el producto de nuestros procesos mentales.- Es posible afirmar que cierta dosis de experiencia sensible, que funciona de manera variable en el equilibrio entre empirismo y racionalismo, es necesario para finalmente acceder al conocimiento mediante una facultad mental humana innata, la razón.-

Pues bien, si quiero escribir un libro, generalmente comienzo por la investigación de las fuentes de información.- Sumo autores, libros, opiniones, y luego racionalizo lo incorporado a mi yo interno, para elaborar mi propio pensamiento, mis conclusiones, mis visiones particularizadas, que constituirán el aporte novedoso del libro.-

Todo el proceso sin dudas queda enriquecido por la experiencia adquirida por el autor, los conocimientos de tiempos anteriores que han sedimentado en su cerebro, su capacidad de análisis racional.-

Más, si las fuentes consultadas son diez, seguramente tendré la posibilidad de racionalizarlas de manera mucho más clara que si las mismas fueran cien o mil, porque si sucediera esto último, seguramente quedaré atrapado en una telaraña de información que nublará mi entendimiento y dificultará el proceso mental de concluir.-

De eso se trata la cuestión, de advertir que no existe relación directa entre la cantidad de información con la calidad de la formación individual.-

El saber enciclopedista, si alguna vez fue posible, hoy es inalcanzable, aunque tampoco es un objetivo valioso en el proceso de pensar.- La inasibilidad de la biblioteca infinita, convierte en vano el esfuerzo individual, antes bien ha llevado a los individuos a coexistir en islas de expertos que se convierten en masa ignorante cuando salen del refugio de su experticia.-

El crecimiento exponencial de las fuentes informativas y de la cantidad de información, la carencia de filtros de calidad en la misma, nos ha convertido en personas cada vez menos formadas, en la medida que es nuestro proceso interno el que nos posibilita la formación.-

Atiborrarse de información es la mejor manera de perder perspectiva y profundidad en el pensamiento, y el pensamiento superficial es el mejor modo que tiene un idiota moderno de creerse sabio.-

La perspectiva del idiota "on line"

El idiota on line comparte el mundo real con el virtual, muchas veces sin capacidad para diferenciarlos.- Porcentualmente, cada vez es mayor el tiempo que pasa frente a una pantalla de una computadora, de una tablet o de un celular.-

Un estudio de 2010 demostró que los adolescentes entre los ocho y los 18 años pasaban más de 7,5 horas al día consumiendo medios digitales. Desde entonces, nuestras adicciones digitales han continuado definiendo nuestra vida en ciertas formas: en 2015, el Centro de Investigaciones Pew reportó que el 24 por ciento de los adolescentes están en línea "casi de manera permanente".-

Los adultos están en la misma situación: de acuerdo con el Reporte de Audiencia Total de Nielsen del año pasado, la mayoría de los adultos pasa diez horas al día o más consumiendo medios electrónicos.-

Los medios digitales te brindan tres clases de productos: informativos, de entretenimiento y de socialización (redes sociales).- Estas últimas han ganado espacio de manera exponencial en el tiempo global de utilización de internet.-

Un individuo medio, que consume intensivamente internet, pasa la mayor parte de su tiempo en el chat o en las redes sociales.-

¿Es un tiempo de calidad? Para saberlo, simplemente mencionaremos una estadística que nos permitirá deducir el comportamiento general.-

La empresa de investigación de mercado Pear Analytics, con sede en San Antonio (Texas), analizó 2.000 twits durante un período de dos semanas, en agosto de 2009, y los separó en seis categorías: cháchara sin sentido (40%), conversaciones (38%), retwits (9%), autopromoción (6%), mensajes basura (4%) y noticias (4%).-

Llamo idiotas cibernéticos a los que tienen varias de las siguientes características:

a)   *Pérdida progresiva de la capacidad para distinguir el mundo real del virtual.*- Creen haber alcanzado el éxito por la cantidad de "me gusta" que reciben sus participaciones, el amor por los memes amorosos que inundan sus pantallas, "el millón de amigos" por su número de contactos, la sabiduría por la lectura desordenada y acotada de textos cortos o de títulos de artículos.-

b) *Narcisismo*, traducido en la compulsiva conducta de exponer sus imágenes personales y familiares, autofotos (selfies), opiniones ligeras, y demás yerbas, esperando las devoluciones consecuentes: "hermoso", "ídolo", "maestro", "genio".-

c)   *Incapacidad de leer un texto de más de unas cuantas líneas.*- Adquieren sólo información superficial y muchas veces de fuentes no confiables.-

d) *Arrogancia intelectual:* Creerse con el conocimiento necesario para opinar con autoridad de diversos temas, cumpliendo con la máxima principal del idiota de todos los tiempos: ignorar que no sabe.-

e) *Sensación de infalibilidad*, cuando la pantalla se abre, se sienten dueños absolutos de la fama y del poder.-

f)   *Hedonista en crecimiento*, cultor de los videos, las imágenes y de todo aquello que excita los sentidos.- En realidad, el hedonismo es una característica de la cultura social de nuestro tiempo.-

g) *Falta de capacidad crítica*, una actitud consciente de renuncia a la investigación, aceptando por comodidad las visiones tópicas prefabricadas.-

h) *Estado de dispersión mental*, que genera incapacidad para lograr concentración y profundidad, sin las cuales es imposible el acceso a conocimientos de cierta complejidad

El filósofo, semiólogo y escritor italiano Umberto Eco, en entrevista concedida poco antes de su muerte en febrero de 2017, fue tajante al referirse a las redes sociales: *"le dan derecho a la palabra pública a legiones de idiotas, el mismo derecho que un premio Nobel. Es la invasión de los idiotas"*, agregando que *"el drama de internet es que ha promovido al tonto del pueblo como el portador de la verdad"*.-

Entré al bar y observé a cuatro amigos sentados a la misma mesa, todos tenían un pocillo de café frente a ellos; sólo uno miraba por la ventana como aburrido, los otros tres absortos, no sacaban la vista de sus celulares.-

Me pregunté, dado que a mí mismo me ocurre, si el "idiotismo cibernético" es una enfermedad contagiosa de la modernidad, si es algo inevitable o incurable.- Si es así, ¿por qué razón el Ministerio de Salud no prohíbe los celulares o restringen la utilización de internet?

La tecnología es una cosa inanimada, no nos puede utilizar salvo que nosotros mismos lo permitamos.-

La cuestión consiste en utilizar la tecnología de manera positiva, de un modo racional, utilitario, prudente, humanizado.-

La discusión pasa por su aspecto utilitario, por la mejor manera de aprovechar la tecnología para mejorar la calidad de vida del ser humano, hacerlo mejor persona, poner a su disposición las herramientas que le posibiliten un progreso material y espiritual.-

Tengo para mí que internet constituye, por lejos, la creación del espacio más democrático desde la plaza pública de los tiempos de la antigua Grecia.- Su cuerpo principal se moldea día a día por miles de millones de individuos que no están sujetos a normas preestablecidas, salvos las derivadas del cumplimiento de la ley y del respeto mutuo.-

Los gobiernos no intervienen (no deberían hacerlo) en el contralor de contenidos, tampoco existen sabios que indiquen la calidad de los aportes o de las páginas, las opiniones no pasan por un tamiz de orden intelectual.- Por ello, obviamente, hay de todo en ese verdadero caldero del intercambios, opiniones e información, cosas valiosas, otras no tanto y muchas directamente desechables.-

El contenido de internet, y las redes sociales en particular, son avenidas de ida y vuelta, que precisan de una actitud proactiva del individuo, que ya no se encuentra en una posición pasiva en relación al medio (radio, televisión).-

De tal modo, sus usuarios requieren una formación mayor que la del mero televidente u oyente, para diferenciar lo real de lo imaginario, lo fundado de lo infundado, la verdad de la mentira.-

La cantidad y calidad de la información es inmanejable en función de las nuevas tecnologías y la multiplicidad de fuentes, es tanta y tan variada, con alcances casi infinitos, que debemos prepararnos para lidiar con ella, para que no nos cope el cerebro, que nos deje espacio para el pensamiento, la razón, los sentimientos, las relaciones, la capacidad de discernir.-

Es simple y a la vez difícil: no permitir que el exceso de información nos genere un déficit de formación.- Es la única manera que tenemos de separar la paja del trigo.-

En el ámbito escolar se discute por estos días la posibilidad de autorizar el uso de los "smartphones" en el aula, para contribuir al desarrollo educativo.- A favor o en contra, la discusión ya no es actual, no puede impedirse el ingreso de aquello que ya está dentro, que forma parte de nuestra vida diaria.- La verdadera discusión debe darse sobre las maneras de darle utilidad académica e impedir su uso recreacional durante el tiempo de estudio.-

Estar siempre conectados no sólo nos genera problemas relacionales y psicológicos, sino también físicos, como el conocido *síndrome del cuello de texto.-*

El problema de mirar nuestros dispositivos sin cesar es tanto social como fisiológico. Según The New York Times, La cabeza del ser humano promedio pesa entre 4,5 y 5,5 kilos y, cuando la inclinamos para revisar Facebook, la fuerza gravitacional y la carga en el cuello aumentan hasta una presión de casi 27 kilos. Si esa posición es continua, ocasiona una pérdida progresiva de la curva cervical de la columna vertebral.

En síntesis, usemos la tecnología pero no permitamos que ella nos use y nos convierta en "idiotas cibernéticos".-

La amistad en línea

Entre los objetivos principales que persiguen los idiotas cibernéticos, es la amistad virtual, mensurada en cantidad de "me gusta", "compartidos", "retuits" y comentarios varios.-

Es, como también en otros campos, una caricaturización de la amistad y de la popularidad, una necesidad psicológica que tiene el idiota virtual de conseguir apoyos que lo hagan sentirse querido, admirado, apoyado.-

Pero, así como en la vida real, la pantalla de la computadora o el celular nos devuelve la imagen de lo que interactuamos.- Si lo hacemos intensivamente, nos volverá en cantidad importante de aprobaciones de los otros cibernautas sociales, porque la amistad y la popularidad es una avenida de ida y vuelta.-

He tenido la oportunidad de ver las reacciones de personas que conviven intensamente en las redes sociales, en especial Facebook, y que de vez en cuando anuncian que "limpiarán" su listado de amigos de aquellos contactos que nada le aportan en materia de interacción, casi como ofendidos por la frialdad de esos "amigos".-

Se advierte aquí las carencias afectivas del contacto directo del mundo real, y ese espacio que vienen a llenar las redes sociales en la vida de la gente.- El tiempo que le dedican y la intensidad de las emociones que le generan, tanto positivas como negativas, son el parámetro más eficiente para apreciar cual es el protagonismo que el mundo virtual tiene en el siglo XXI.-

Pero, ¿la amistad del mundo virtual es la misma que la del mundo físico? Sin dudas que no, y quién las confunda corre el riesgo psicológico de verse afectado.-

Es más, además de la "supuesta" amistad, conviven en las redes sentimientos negativos de envidia u odio encubierto.-

Es que el exhibicionismo tiene sus costos, especialmente cuando se manifiesta en medios públicos como las redes.- Fotos de viajes, de acontecimientos familiares, "selfies" a diestra y siniestra, videos de momentos, trasmisión en vivo, "autobombo", así como pueden generar sinceros sentimientos de adhesión, sin dudas que también producen reacciones, la mayoría de las veces no publicadas, de críticas y rechazos.-

Asimismo, como elemento negativo, las redes sociales han generado una sensación de despersonalización e impunidad, que muchas veces nos conducen a no cuidar nuestro vocabulario o a utilizar la agresión como modo de imponer nuestras ideas.- Con la interlocución virtual se han perdido o han disminuido los frenos inhibitorios que normalmente tenemos ante situaciones presenciales, dando paso muchas veces al insulto y la descalificación personal.-

La popularidad se compra

Leía en la versión en español del New York Times, del 27 de enero:

"La verdadera Jessica Rychly   es una adolescente de Minnesota que tiene una amplia sonrisa y el cabello ondulado. Le gusta leer y escuchar las canciones del rapero Post Malone. Cuando usa Facebook o Twitter, a veces comenta sobre las cosas que la aburren o hace bromas con sus amigos. Ocasionalmente, como muchos adolescentes y jóvenes, publica una selfi. Pero en Twitter existe una versión de Jessica que ninguno de sus amigos o familiares podría reconocer. Aunque las dos cuentas comparten su nombre, retrato y la misma biografía de una sola línea ("Tengo problemas"), la otra Jessica ha promocionado cuentas de inversiones inmobiliarias canadienses, criptomonedas y una estación de radio en Ghana. La cuenta falsa siguió o retuiteó cuentas en árabe e indonesio, idiomas que Jessica no habla. Mientras ella tenía 17 años y estaba en el último año del colegio, su contraparte falsa frecuentemente promovía pornografía gráfica, al retuitear cuentas como Squirtamania y Porno Dan."

Jessica fue víctima, una entre centenares de miles, del impresionante comercio ilícito en torno a la venta de popularidad en las redes sociales.- Una prueba más de ese mundo mágico, que se presta a la simulación y la falsedad.-

Es que la popularidad en el mundo virtual tiene un alto precio, precio que pagan artistas, políticos, comentaristas de televisión, deportistas y "celebrities" varias.-

Devumi es una empresa norteamericana dedicada a la venta se seguidores falsos.- Ofrece seguidores en Twitter, visitas en Youtube, reproducciones en Sound Cloud y recomendaciones en Linkedin.- Utiliza al menos 3,5 millones de cuentas automatizadas –cada una de ella ha sido vendida muchas veces- lo que le ha permitido venderle a sus clientes más de 200 millones de seguidores.-

Las cuentas que más se parecen a las personas reales, como la de Jessica, muestran el patrón de una especie de robo de identidad social a gran escala.- Al menos 55.000 cuentas de Devumi utilizan los nombres, fotos de perfil, lugares de origen y otros detalles personales de perfiles de usuarios reales de Twiter, según el análisis del diario neyorkino.-

La *economía de la influencia* es un rubro que ha crecido exponencialmente con internet y las redes sociales.- Los "seguidores", los "retuits", los "me gusta", cotizan a alto precio cuando de publicitar productos se trata.- Pero la realidad se mezcla con la falsedad en el mundo virtual.-

"Las redes sociales son un mundo virtual en el que la mitad son bots y el resto es gente real" dijo Rami Essaid, fundador de Distil Neworks, una empresa de ciberseguridad dedicada a desmantelar redes de bots.-

¿Qué son los bots? Cuentas en redes sociales cuya generación de contenido es "automatizado".-

Por caso, en noviembre de 2017, Facebook reveló que tenía al menos 60 millones de cuentas automatizadas.- En todas las redes sociales están prohibidas, pero cierto es que no hacen todo lo que pueden hacer para eliminarlas.-

De acuerdo a datos de Captiv8, una empresa

que vincula a "influenciadores" con las marcas, alguien con 100.000 seguidores puede ganar hasta 2000 dólares por un solo tuit promocionado, mientras que alguien con un millón de seguidores podría cobrar por lo mismo hasta 20.000 dólares.-

El estatus de la *influencia* paga muy bien y los idiotas cibernéticos no tan idiotas, lo saben.- En 2017 tres mil millones de personas iniciaron sesión en redes como Facebook, WhatsApp o la china Sina Weibo, según New York Times.- El anhelo colectivo del mundo por establecer una conexión no sólo ha cambiado la composición de la lista de las 500 empresas con mayor valuación de Fortune, sino además reformulado el mundo de la publicidad.-

Generaciones millenials y centennials

La teoría del filósofo italiano Giambattista Vico, conocida como *corsi e ricorsi*, consiste en considerar que la historia no avanza de manera lineal empujada por el progreso, sino en forma de ciclos que se repiten, con avances y retrocesos.-

El eterno retorno es una concepción filosófica que evoca la repetición de nuestra vida de la misma manera, una y otras vez.- Vivir algo, morir, renacer y volver a repetir lo mismo, teoría que se le atribuye a Federico Nietzsche.-

Es la historia de las generaciones y, sobre todo, la historia de los jóvenes,   cuyo comportamiento tiene un patrón que se repite en los jóvenes de todo tiempo, a pesar que en la edad adulta tenemos una visión algo sesgada sobre los que nos preceden.-

"Todos hemos sido jóvenes", repetimos muchas veces, queriendo significar que pasamos por similares experiencias que aquéllos que hoy lo son.- Así como nuestros hijos, los hijos de nuestros hijos, nosotros mismos, nuestros padres, pasamos por una etapa en que hemos impuesto modas propias pero que socialmente resultan repetitivas de la edad juvenil.-

Las generaciones pasan dejando su marca, las de hoy y las de ayer.-

La *Generación de los baby boomers* (nacidos entre 1945 y 1964), refiere su nombre al repunte de la tasa de natalidad en esa época.- Tomar el trabajo como modo de ser y existir, de manera adictiva, sin dedicar mucho tiempo al ocio o la actividad recreativa.-

La *Generación X*, intermedia o perdida (nacidos entre 1965 y 1981), tienden a equilibrar sus vidas, entre el trabajo y el ocio, están marcados por los grandes cambios sociales y los avances tecnológicos.- Tienen una buena convivencia entre la vida social presencial y la tecnología.-

Los nacidos entre 1982 y 1994 constituyen la *Generación Y* o *Millennials*, muy adaptados a la tecnología, la vida virtual es una extensión de la vida real.- A diferencia de los Centennials, conservan algunos códigos de privacidad.- Son emprendedores, creativos, idealistas, intentan vivir de lo que aman hacer.- Muy aficionados a las tecnologías del entretenimiento.- No le dedican la vida al trabajo, quizás por oposición a lo que son sus padres, les gusta viajar y no conservan por demasiado tiempo un trabajo.-

La *Generación Z* o *Centennials*, nacidos a partir de 1995, son los verdaderos "nativos digitales".- Son muy creativos, autodidactas (aprenden todo por tutoriales) y sobreinformados.- Visitan sus propias redes, como Snaptchat, comparten intensivamente su vida privada y aspiran a ser Youtubers.- Nada de la tecnología le es ajeno, pasan mucho tiempo frente a las pantallas y su vida social está casi exclusivamente concentrada en ellas.-

Ese nuevo universo de microprocesadores, memorias de silicio y conexiones en red, está generando jóvenes plenamente familiarizados con las herramientas tecnológicas, pero también faltos de capacidad crítica.-

Es verificable en la sociedad, que a la par de la existencia de esos niños prodigio, *"también están proliferando a nuestro alrededor individuos incapaces de concentrarse en un texto de más de cuatro páginas, personas que sólo pueden asimilar conceptos predigeridos en formatos multimedia, estudiantes que confunden aprender con recopilar, cortar y pegar fragmentos de información hallados en Internet, o un número creciente de analfabetos funcionales."*[18]

Sin dudas que la tecnología de las comunicaciones ha creado una juventud de "sociodigitales", que comparten cada momento de su vida y su privacidad, aunque en la realidad de sus vidas sean jóvenes "solosociales" encerrados en su cuarto frente a una pantalla.-

Quienes crecimos haciendo culto del trabajo sin límites ni equilibrio, tenemos de ellos un concepto negativo por su exacerbado narcisismo y un hedonismo sobredimensionado.-

Pero, aunque ello tenga su costado de verdad, todos los jóvenes fuimos en algún momento más o menos narcisistas, aún en los tiempos en que los ideales estaban por encima del pragmatismo.- El narcisismo no está acotado al cuerpo, también anida en el endiosamiento de las propias ideas.-

Periodismo millenials o para millenials

La pregunta es si existe un nuevo periodismo, el *periodismo millenials*, una manera distinta de concebir la profesión, o existe un nuevo público, los *millenials* y los *centennials*, que generan la necesidad de adaptar al periodismo para satisfacer ese nicho social.-

Además de ser una profesión, el periodismo es un negocio del que viven periodistas, dueños de medios y profesiones relacionadas.- No es concebible que, si la tecnología ha creado nuevos medios para acceder a la producción periodística (internet), se siga con los diarios de papel como único recurso.-

El periodismo, no tuvo más remedio, se adaptó a los nuevos tiempos, a las generaciones de la lap top, las tablets y los celulares.-

Crece el número de sitios, *apps* y plataformas que buscan hablar su mismo idioma. Es un contenido más inmediato, explicativo, pensado para poder adaptarse a la necesidad de cada individuo, abierto a la cocreación con el público, y que procura estar presente donde viven los *millennials*: los teléfonos móviles y las redes sociales, principalmente. Además, es un periodismo atento a los lenguajes y las sensibilidades de la época: básicamente audiovisual y con el uso de bases de datos.

Obviamente que, a la par, el periodismo digital busca su modelo de negocios.-

¿Cómo educar e informar a esas nuevas generaciones desde los medios de comunicación? fue el desafío.-

La respuesta fue un cambio en los modos de ejercer el oficio, buscando escribir corto (la síntesis de la síntesis), con el lenguaje de los tecnojóvenes, y utilizando las redes sociales también para interaccionar con el público.-

Temo, sin embargo, que parte de los periodistas profesionales se convirtieron, en lugar de *periodistas para millenials*, en *periodistas millenials*, que es otra cosa.-

Defino al *periodista millenials* como a aquel profesional incapaz de profundizar el pensamiento, producir texto enriquecido racionalmente, visiones novedosas.-

El *periodista millenials* es el que no tiene tiempo ni condiciones para escribir rigurosamente, tampoco para consultar las fuentes necesarias, ni de construir calidad para la información.- Están permanentemente en un "toma y daca", para llegar antes, llegar primero, llegar corto, y, consecuentemente, llegar como se pueda.-

El público del *periodista millenials* es un público con poca capacidad crítica, lo que no significa que no sea criticón.- Lo es, a la medida de sus intereses y limitaciones, y genera en el periodista una reacción a su medida.-

No se puede hacer un periodismo para idiotas que no piensen o que no quieran leer.- Allí debe estar el otro aspecto de la profesión, el docente, hay que enseñar a leer y fundamentalmente a razonar, como lo hacía Sócrates.-

Una cosa es adaptarse al medio para acercar la información a la gente, otra muy distinta es ofrecer un periodismo condescendiente con las prácticas idiotas de una generación.- En suma, no hay que igualar hacia abajo, descendiendo a la idiotez.-

La cuestión es que una parte de los profesionales del oficio, que también por edad forman parte de la generación para la cual trabajan, han tomado los mismos valores, y han sacrificado las reglas mínimas del buen arte, por un "ponerse a la altura" de su público.- En breves términos, han igualado para abajo, y no tienen capacidad para recuperar terreno porque no hacen *periodismo para millenials* sino que son *periodistas millenials*.-

Es deseable en este tipo periodismo, que además de saber qué hacer con un tuit, un post, una foto o un video, no pierdan la pertinencia ni el análisis crítico.-

Cómo diría Mark Briggs en su texto *Periodismo 2.0, "cómo periodistas necesitamos cambiar nuestras prácticas para adaptarnos, pero no nuestros valores."*

El periodismo, así como la intelectualidad, debe ser un resguardo contra la idiotización del pensamiento y de la sociedad, no al revés como parece.-

<u>**C A P I T U L O VI**</u>

LA SOCIEDAD IDIOTA

"Existe una estupidez de época de la que todos los contemporáneos, grandes y pequeños, por más genio que tengan, participan"
François Mauriac, Mémoires intérieurs

Los tiempos del placer

Una de las características de la sociedad idiota es la búsqueda del placer a cualquier costo.-

La muerte suele ser un poderoso despertador de conciencias adormecidas.- Pareciera que los problemas no son tales, o no lo son en su verdadera magnitud, hasta que alguien muere a causa de ellos.- Pasó con Cromagnon, pasó con Once, pasó con Time Warp.-

Ese intenso disparador colectivo, ha determinado que la autoridad pública, los jueces, la policía, el periodismo, los psicólogos, los sociólogos, todo el mundo en las redes sociales, comiencen un afiebrado debate que acumula opiniones que muchas veces confunden la verdadera naturaleza del asunto, en vez de aclararla.-

Prohibir las fiestas electrónicas, controlar la calidad de las drogas ilegales, promover la utilización responsable de las mismas (¿?), legalizar su uso, ejercer la autoridad con mayor rigurosidad, convocar la presencia de la familia y del estado, son todas acciones que, en mayor o menor medida, quizás puedan contribuir a paliar la problemática o atenuar sus letales efectos.-

Decir que la droga afecta la salud, que la droga mata, no son simples opiniones, es la exposición contundente de hechos que se constatan con la simple visualización.- También son hechos incontrastables que con la aparición de las drogas sintéticas, el mercadeo se ha extendido, la oferta es cada vez más variada y menos verificada en su calidad, los precios son menores y los potenciales consumidores se incrementan.-

El consumo de sustancias psicoactivas (de origen natural o sintético), constituye hoy la bomba de relojería de mayor riesgo potencial para la integridad de las sociedades modernas, tanto que viene a constituirse en un "revival" de la esclavitud, una nueva esclavitud en la que los grilletes no se llevan en los tobillos y en las muñecas, sino en el alma y en todo el cuerpo.-

Sus efectos directos sobre el sistema nervioso central, su capacidad para modificar artificialmente el estado anímico, alterar las percepciones, provocar fugaces sensaciones placenteras, generar el síndrome de abstinencia física y/o psíquica que llevan al consumidor a la reincidencia, su utilización con fines recreacionales no terapéuticos, las tremendas consecuencias negativas sobre la integridad física y psíquica del consumidor, nos muestran el poder inconmensurable de este verdadero monstruo de mil cabezas.-

Y ese monstruo con el cual hay que luchar, no sólo está afuera, con los narcotraficantes, con los "dealers", con todos aquéllos que lucran con esta cadena del comercio infame, sino también adentro, entre los pliegues de la sociedad y en las entrañas profundas de los consumidores.-

Por ello es que, cuando debatimos acerca de las defensas que la sociedad y los individuos deben activar para detener el imparable avance del "narcotiempo", muchas veces parcializamos el análisis a partir de sus efectos, sin darle la verdadera importancia al origen profundo de las actitudes humanas.-

Temo que estamos en el apogeo de la moderna sociedad hedonista, en la que la búsqueda del placer se constituye en el motivo crucial de la existencia.-

Desde antiguo la teorización hedonista se ha desarrollado con mayor o menor incidencia en el comportamiento humano.- Hoy en día no consiste en afirmar en que el placer es un bien, ya que dicha aseveración ha sido admitida por muchas doctrinas éticas muy alejadas del hedonismo, sino que el placer es el supremo bien.-

Si en tiempos pretéritos el placer por las artes o por actividades conectadas con el espíritu, formaban un condimento importante en el logro de la felicidad, vivimos hoy en un tiempo en el que el imperio de los sentidos manda por encima de cualquier otra forma de búsqueda del bienestar físico y psíquico.-

El placer no es bueno ni malo, existe, es natural, constituye parte de la vida, pero, indudablemente, no es la vida misma.- No es sinónimo de la felicidad, es un complemento de la misma.-

El problema sucede cuando se hace del placer sensorial un bien supremo, al que hay que acceder a toda costa, sin medir medios, límites ni costos.-

No en vano en estos tiempos el verbo más conjugado es el de "disfrutar", "yo disfruto", "tu disfrutas", "todos disfrutan".- Toda nuestra actividad de vida está dirigida al logro del placer, en el deporte, en el trabajo, en la práctica social.- El placer del éxito, también es una de los drogas de la sociedad moderna; otra, la sensualidad del poder.-

Pero no nos contentamos con el placer propio que emana de cada actividad humana naturalmente, queremos el placer exacerbado, sin límites, no lo queremos como medio para llegar a la felicidad sino como un fin en sí mismo.- Consumir más, disfrutar más, gozar sin límites, aunque la razón no lo justifique ni el cuerpo lo pida.-

El solaz natural de escuchar buena música o practicar sexo, no es suficiente.- Queremos incrementarlo, llevarlo a territorios inexplorados, aunque ello suponga poner en riesgo nuestra propia integridad psíquica y física.- Y para ello no discriminamos medios, la droga es, entre otros aceleradores de la inconciencia, el camino más fácil al placer sin límites y, obviamente, a la muerte y la infelicidad segura.-

Creo que hoy todo está dispuesto para el placer en el mundo que vivimos, para el regodeo de consumir, de bailar, saltar, vivir la música, de tener sexo, sin fronteras, sin medida, sin parámetros.-

La propaganda, la publicidad dirigida a influir en nuestros sentidos más primarios, la exaltación de la vida placentera, tiene un beneficio comercial para los que venden y una consecuencia social y sanitaria para los que compran o consumen.- Ya no es suficiente la satisfacción de las necesidades naturales, el negocio está en crear necesidades artificiales que incrementen el consumo y las ganancias.-

De tal manera, la sociedad está atravesada por la supremacía del deseo, en cuya consecución desaparece toda noción del deber para dar paso al ilimitado imperio del querer.- Los parámetros de una moral mínima no es contenedora del desborde de nuestros deseos, deseamos sin fronteras y buscamos desenfrenadamente el placer, el dinero, el poder.-

Con el paso del tiempo, el hombre quedó vacío, aturdido, y en nombre de una libertad sin valores, perdió el conocimiento y el fundamento de la felicidad serena, cual es la creencia en un ser superior que nos señale un camino de trascendencia.- La infranqueable duda del escepticismo vació las almas y ese vacío fue llenado con la falsa sensación de libertad que genera la búsqueda descontrolada de la gratificación.-

El consumo de drogas, especialmente en la juventud, tiene casi el mismo motor que el consumo de bienes materiales: el hedonismo más fervoroso.- Es rigurosamente transversal, no está sólo en una clase social ni es patrimonio de los jóvenes, antes bien los adultos son los espejos en los que ellos se miran.-

Finalmente, quizás lo importante y eficaz sea simplemente la siembra porfiada de valores trascendentes, destacando la importancia del obrar por deber por sobre el obrar por querer.-

El dilema vital de la sociedad moderna está en nosotros mismos, en nuestros parámetros de vida.- Podrá aumentar el número de policías, realizar controles de la calidad de la droga, eliminar las fiestas electrónicas, perseguir a los dealers, pero muchos jóvenes seguirán inmersos en el placer fatuo que genera la droga, en la medida que la sociedad en su conjunto no exponga valores por los cuales apreciemos vivir.-

La sociedad de la ignorancia

Para hablar de la *ignorancia* en sentido social, debemos hablar primero de su contraparte, el *conocimiento*.-

El discurso central por estos días parece ser aquel que nos anuncia que nos estamos dirigiendo hacia la concreción de una nueva utopía, la *Sociedad del Conocimiento*.-

El término, *Sociedad del Conocimiento*, fue creado por Peter Drucker para designar una idea concreta.- Drucker, experto en management empresarial, dedicó un capítulo de su libro *La Era de la Discontinuidad*, a la "Sociedad del Conocimiento", en el que desarrollaba una idea anterior apuntada en 1962 por Fritz Machlup, la de la *Sociedad de la Información*."[19]

Aquella máxima que *"las cosas más útiles, como el conocimiento, no tienen valor de cambio"*, fue invertida por Drucker, al introducir en la ecuación económica, el saber como un factor económico de primer orden.- Sostuvo que lo relevante no era la cantidad o calidad del conocimiento, sino *"su capacidad para generar riqueza."*

Hoy, casi cuarenta años después, el término ha trascendido el círculo de expertos en economía y se convirtió en un lugar común, especialmente en los políticos, que los insertan en sus discursos de campaña para teñirlos de optimismo.-

Al decir de Brei, *"la Sociedad del Conocimiento se ha convertido en una nueva utopía, en una esperanza para tiempos desesperados, casi en la única expectativa colectiva que nos permite mirar hacia el futuro con cierta ilusión"*[20]

Un nuevo factor de producción se incorpora al clásico trío formado por la tierra, el trabajo y el capital: el *conocimiento*, por lo que la *Sociedad del Conocimiento* no sería más que una nueva etapa del sistema capitalista de libre mercado que aspira a seguir creciendo.-

Sin dudas que el discurso prevalente apunta a dar por seguro que las nuevas herramientas para manipular y acceder a la información, nos convertirán en personas más informadas, con más opinión propia y con mayor creatividad.-

Son muchos, divulgadores, *fact-checkers* (verificadores de datos), periodistas, políticos, los que asumen que las equivocaciones se deben al "déficit de información", pero ya se vio que esa visión olvida los mecanismos de la mente humana y, además, los estragos que causa el exceso de información en el proceso de pensar.-

El conocimiento trivial puede derivarse de la simple observación, pero el conocimiento profundo sin dudas responde a los procesos mentales del ser humano, dónde no es suficiente el elemento externo de la información, aun cuando insumo necesario, sino la capacidad de razonamiento de cada quien.-

Cierto que es necesaria cierta dosis de experiencia sensible, variable en su proporción, pero es la razón humana la que nos permite acceder al conocimiento.-

Para el cristianismo, la fe o la revelación resultan fuentes de conocimientos fundamentales e incuestionables, intentando demostrar, a través de grandes pensadores como San Agustín o Santo Tomas de Aquino, que las verdades de la fe y de la razón son las mismas.-

En el Renacimiento, con la irrupción del pensamiento científico, la identidad entre conocimiento y racionalidad se consolidó, quedando la fe relegada a una esfera diferente.-

Veinticinco siglos después de que Platón planteara el *mito de la caverna*, seguimos hoy cuestionándonos el libre albedrío, la percepción de la realidad, el conocimiento humano.-

En su libro La República, Platón nos plantea el referido mito, que resumidamente puede expresarse así:

"Dos hombres fueron encadenados desde niños para vivir en el fondo de una cueva, dando sus espaldas a la entrada. Atados de cara a la pared, su visión era muy limitada y sólo podían ver en la pared el reflejo de modelos, estatuas de animales y objetos que pasaban delante de una hoguera. Un día, con la ayuda de un hombre, uno de ellos pudo salir de la cueva, y al estar fuera, la luz del día lo deslumbraba. Tanto fue la luz que lo cegó de dolor, que esperó a la noche para poder irse ya que era mejor la luz de la luna. Conforme pasaron los días, pudo acostumbrarse a la luz del sol, luego se dio cuenta que vivió toda su vida engañado con las imágenes de aquella cueva que lo tenía prisionero. Él decide regresar para contar sobre las cosas que había visto y que le esperan a su compañero en el mundo exterior, sin embargo, tras con-

tarle la historia, el otro lo toma por loco y se resigna a creer en aquella realidad. El aventurero resignado, acepta que aquella realidad no es posible, y ambos nuevamente se centran en creer en la realidad de las sombras que se reflejan en el fondo de la caverna"[21]

Platón nos propone una reflexión sobre si la vida que llevamos es real o si se trata de una fantasía generada por otros seres que toman decisiones sobre nosotros.-

Retomando el hilo de lo analizado por Brey, el autor piensa que el nombre que mejor se adaptaría a la realidad actual es el de la *Sociedad de los Saberes Productivos*.-

Tres variantes del conocimiento necesitan ser expuestas:

a)   El conocimiento de *bajo contenido reflexivo*, que se incrementa constantemente cuando dedicamos varias horas a inundar nuestro cerebro con información proveniente del televisor o internet.-

b) El conocimiento *altamente especializado*, necesario para desarrollar actividades tecnológicamente complejas.-

c)   El conocimiento que sólo podemos acceder a través *de la razón*, del proceso interno de la mente humana, que es el que puede proporcionarnos una mejor y más completa comprensión de la realidad.- Lamentablemente, con la multiplicación de las fuentes de información, es este tipo de conocimiento, el más importante, el que está en retirada.-

Las mismas tecnologías que hoy articulan el mundo y permiten acumular información, nos están convirtiendo en individuos cada vez más ignorantes.- Crecen el conocimiento vulgar y el de los expertos, a costas del retroceso del conocimiento racional.-

Tal como se expresó antes, cada vez son más las personas que carecen mínimamente de un pensamiento racional, que apenas son capaces de leer de continuo unas cuantas líneas o sólo los títulos, que no tienen concentración y tampoco profundidad, por lo que viven en un estado de dispersión mental incompatible con el acceso a conocimientos de cierta complejidad.-

Esa fuerte tendencia a la dispersión está produciendo analfabetos funcionales a pasos agigantados.-

Es cierto que las redes resultan un potenciador importante de las actividades relacionales, pero, del ámbito natural en que se desarrollaba la inclinación humana innata a mantener vínculos sociales, hoy se lleva adelante en un entorno artificial, que descontextualiza los vínculos y que distorsiona los mecanismos naturales de inhibición.-

Los universos paralelos son cada vez más evidentes y las consecuencias más drásticas.-

Dice el autor que venimos comentando, que el proceso apenas acaba de empezar.- En poco tiempo dispondremos de máquinas que superarán los umbrales de discriminación de nuestros sentidos hasta convertir en indistinguibles ambos mundos.-

El pensamiento racional que genera la verdadera cultura de una sociedad, está decayendo a pasos agigantados.- La "masa", que somos todos nosotros fuera de nuestro hábitat de especialización, luego de haber alcanzado cierto nivel de funcionalidad, se ha estancado en su saber cultural, en su capacidad de análisis, en su potencialidad de razonamiento, en razón y a pesar de la acumulación exponencial de información y de las posibilidades de las nuevas herramientas tecnológicas.-

Aquello que nos debería haber colocado en el pedestal de la nueva *Sociedad del Conocimiento*, en realidad nos ubica en una realidad de analfabetos funcionales, a la que mejor podríamos llamar la *Sociedad del Conocimiento Superficial* o, directamente, como Brey, la *Sociedad de la Ignorancia*.-

Una visión interesante nos brinda también Daniel Innerarity en la *Sociedad del Desconocimiento*, al decir que el saber acumulado hace visible también el universo casi ilimitado del "no-saber".-

La mayor parte de las veces debemos tomar decisiones "en condiciones de ignorancia", por los que el proceso mental de elaboración requiere nuevas formas de justificación, legitimación y observación de las consecuencias.-

Las ciencias duras le dicen a la política lo que hay que hacer en función de los conocimientos específicos.- En el campo del no saber, se necesita un tipo de ciencia que coopere con la política en la gestión de la incertidumbre (Ravetz, 1987).-

La ignorancia como valor social

El debate acerca de si los alumnos deberían aprender a los clásicos griegos queda desactualizada si tenemos en cuenta que adquiere valor social todo lo que se relaciona con el *saber productivo*.-

La educación es una expresión de los valores y las prioridades de una sociedad.- No podemos pretender de ella nada distinto, si hemos decidido pagar el precio por vivir en un entorno opulento.-

La cultura del esfuerzo no puede enseñarse en

las escuelas, si todos los días vivimos inmersos en una realidad en la que prima el ocio y la diversión; no podemos reclamar más autoridad en el ámbito educativo si en la vida de todos los días estamos repudiando como *autoritario* todo atisbo de autoridad; no pretendamos una juventud con capacidad de pensar de manera racional, si el entorno apunta hacia el lado contrario.-

Mientras no se inventen implantes cerebrales capaces de ampliar el conocimiento individual del ser humano, tendremos que seguir con el viejo sistema de la lectura, la observación, la reflexión, el estudio, la experiencia, medios todos que están en retirada.-

Así, *"pretender eliminar la ignorancia a través del sistema educativo propio de la Sociedad de la Ignorancia es una paradoja irresoluble."*

Lo más preocupante es que la ignorancia hoy es normal, ha sido aceptada y asumida por la sociedad, ha ido perdiendo sus connotaciones negativas, ya tiene casi prestigio.-

Ya en los años veinte, Ortega y Gasset, en *Las rebelión de las masas*, decía que *"lo característico del momento es que el alma vulgar, sabiéndose vulgar, tiene el denuedo de afirmar el derecho de la vulgaridad y lo impone dondequiera"*

La aparición del televisor luego de la Segunda Guerra Mundial, llevó a Giovanni Sartori a escribir que *"un mundo concentrado sólo en el hecho de ver es un mundo estúpido. El homo sapiens, un ser caracterizado por la reflexión, por su capacidad para generar abstracciones, se está convirtiendo en un homo videns, una criatura que mira pero que no piensa, que ve pero que no entiende."*

Estamos consolidando una lógica errónea, aquélla que elabora el falso silogismo de que los avances en las herramientas tecnológicas producen en proporción directa un avance en los conocimientos.- Ser diestro en la utilización de un programa informático que nos permite escribir, no es lo mismo que escribir algo interesante y, menos aún, que saber escribir.-

Hoy, aunque parezca mentira, la ignorancia tiene buena prensa, es también un modelo de éxito social, y, lo que es más, el acceso a cargos públicos de personas ignorantes, se presenta como una muestra positiva de las virtudes del sistema democrático.-

Aristófanes, un comediógrafo contemporáneo de Sócrates, en su obra *Los caballeros*, satirizaba la situación.- *"La sátira comienza cuando un oráculo predice que el sucesor de Cleón será un choricero, mostrando, de esa manera, que, en la democracia, cualquiera, incluso aquel sin instrucción ni aptitud alguna para ejercer un cargo público, puede llegar a lo más alto."*[22] Se cuenta también que ningún actor quiso representar al choricero, teniéndolo que hacer Aristófanes.-

Es muy lindo escuchar que estamos en la Sociedad del Conocimiento, aunque a nivel individual ello signifique simplemente pasar un montón de horas chateando con los amigos o intentando ligar por internet.-

Recapitulando, Brey nos dice que la *Sociedad de la Ignorancia* está compuesta por *"sabios impotentes, expertos productivos encerrados en sus torres de marfil y masas fascinadas y sumidas en la inmediatez compulsiva de un consumismo alienante"*, es un grado más del sistema capitalista que debe sostener a toda costa el crecimiento económico que *"sólo es posible mantener gracias a la existencia de unas masas ahitas, fascinadas y esencialmente ignorantes."*[23]

La vida es espectáculo

La cultura sostiene y antecede al conocimiento, no es extraño entonces que sea una cultura idiota la que arrope al individuo idiota, y genere el comportamiento social idiota.-

Mencionado por Mario Vargas Llosa en su obra *La civilización del espectáculo*[24] T.S. Eliot, poeta y dramaturgo estadounidense, en su ensayo *Notes Towards the Definition of Culture*, en 1948, sostuvo que el sistema cultural de su tiempo se apartaba más y más del modelo ideal que representó en el pasado, *"y no veo razón alguna por la cual la decadencia de la cultura no pueda continuar y no podamos anticipar un tiempo, de alguna duración, del que se pueda decir que carece de cultura."*[25]

Según Vargas Llosa, ese tiempo, el tiempo de la incultura, es el nuestro.-

"Cultura no sólo es la suma de diversas actividades, sino un estilo de vida."[26] El conocimiento tiene que ver con la evolución de la técnica y de las ciencias, la cultura sostiene y antecede al conocimiento, le da forma, sentido y orientación a los conocimientos.[27]

Según Eliot, cultura y religión no son la misma cosa, pero no son separables, pues la cultura nació dentro de la religión.- Cuando habla de religión se refiere al cristianismo, y dice que aun cuando un europeo no pueda creer en la fe cristiana, *"aquello que dice, cree y hace, proviene de la fuente del legado cristiano y depende de ella su sentido. Sólo una cultura cristiana podía haber producido a Voltaire o Nietzsche."*[28]

Veinte años después, en 1971, George Steiner le respondió con *In Bluebeard´s Castle. Some Notes Towards the Redefinition of Culture*, diciendo que la voluntad que hace posible el gran arte y el pensamiento profundo nace de *"una aspiración a la trascendencia, es una apuesta a trascender"*[29], ese el aspecto religioso de toda cultura.-

En una demostración de su *Kulturpessimismus* o nuevo realismo estoico, hablaba de una *poscultura*, esa cultura que no diferencia y borra las jerarquías, y que hoy se ha constituido en una verdadera *contracultura*.-

Como parte del desgranamiento que sufre la cultura, lo más grave, lo dice Steiner, es lo que llama *"la retirada de la palabra"*.- El *"discurso hablado, escrito y recordado fue la columna vertebral de la conciencia. Ahora la palabra está cada vez más subordinada a la imagen, y también a la música."*[30]

Ese retiro de la cultura en la civilización, ha dejado su espacio al espectáculo, lo que Vargas Llosa llama *la civilización del espectáculo*, que la define como *"la de un mundo donde el primer lugar en la tabla de valores vigentes lo ocupa el entretenimiento, y donde divertirse, escapar del aburrimiento, es la pasión universal…convertir esa natural propensión a pasarlo bien en un valor supremo tiene consecuencias inesperadas: la banalización de la cultura, la generalización de la frivolidad y, en el campo de la información, que prolifere el periodismo irresponsable de la chismografía y el escándalo."*[31]

La cultura idiota ha hecho presa de una sociedad idiota en la que conviven individuos idiotas.- "Democratizar la cultura" es el nombre elegante y popular de la *"filosofía de trivializar y adocena la vida cultural, dónde cierto facilismo formal y la superficialidad del contenido de los productos culturales se justificaban en razón del propósito cívico de llegar al mayor número .La cantidad a expensas de la calidad."*[32]

Hoy, la cultura del entretenimiento ha volatilizado el contenido artístico de los espectáculos.- Internet y la televisión han sido los medios preferidos de esta ordinarización de la cultura.- La pantalla nos bombardea con programas de dudoso o nulo valor artístico, dónde los intelectuales son puestos al mismo nivel que los panelistas (improvisados a sueldo) para el tratamiento de temas serios, los bailarines no saben bailar, los jurados forman parte del circo, los verdaderos actores han sido condenados al exilio televisivo en beneficio de los "mediáticos".-

La primacía de las imágenes ha ido reemplazando a la palabra escrita, y no se trata en este caso de un reemplazo de los medios de llegar a los potenciales usuarios.-

Se trata que los medios ofrecen lo que la sociedad les reclama, y una sociedad idiota sólo está en condiciones de reclamar cosas idiotas.-

Si el idiota moderno no es capaz de leer más de diez líneas, si no es capaz de pensar sin extrema superficialidad, si le importa más con quién sale fulanita o menganito que una buena película u obra de teatro, ¿para que los *productores de cultura*" van a gastar tiempo y dinero en elaborar productos de cierta calidad? Es más barato y más redituable contratar unos cuántos "opinadores", algunos "peleadores de set", conductores todo servicio, y hacer programas de bajísima calidad cultural, que salen cuatro mangos pero que generan popularidad y ganancias.-

No estoy seguro si es la incultura la que produjo el idiotismo, o es que para satisfacción del idiota nació la incultura.-

Es extraño decir, entonces, que transcurrimos la sociedad del conocimiento, de la democratización de la cultura, cuando en realidad estamos en la civilización de la ignorancia y del espectáculo.-

CAPITULO VII

LA DEMOCRACIA IDIOTA

"La tendencia a olvidar y la vertiginosa velocidad del olvido son, para desventura nuestra, marcas aparentemente indelebles de la cultura moderna líquida"

Zigmunt Bauman, sociólogo polaco

La democracia líquida

"Lo único constante es el cambio", dijo Heráclito, ese filósofo griego de la antigüedad.- Dos mil quinientos años después, el sociólogo polaco, Zygmunt Bauman, recientemente fallecido, fue mundialmente reconocido por su teoría de la "modernidad líquida".-

Es, precisamente, el dato del cambio constante de Heráclito, lo que marca la impronta de la modernidad que transcurrimos, aquello que Bauman bautiza como la liquidez de todas las formas de relacionamiento, la inconstancia, la precariedad, la falta de compromiso, la mutación, el oportunismo.-

La expresión "modernidad líquida" busca definir un modelo social que implica "el fin de la era del compromiso mutuo", el espacio público retrocede y se impone un individualismo que lleva a "la corrosión y a la lenta desintegración del concepto de ciudadanía.-

Una sociedad "líquida", por oposición a una "sólida", comprende todos los campos de la actuación humana.- El matrimonio para toda la vida de nuestros abuelos, el amor constante y consecuente, la familia como la organización más sólida de la humanidad, se van desvaneciendo para dejar paso a un momento histórico de menor compromiso con el amor, el matrimonio, la familia, las instituciones.-

La separación de las parejas son ya parte de una sociedad que transita por momentos líquidos en su constitución, el amor meramente romántico o pasional que no genera vínculos sólidos, las instituciones que mutan una y otra vez, los individuos que cambian permanentemente sus fidelidades, sus compromisos, sus lealtades.-

Y sucede en todos los aspectos de la vida. Con los objetos materiales y con las relaciones de la gente. También con la propia relación que tenemos con nosotros mismos, cómo nos evaluamos, qué imagen tenemos de nuestra persona, qué ambiciones permitimos que nos guíen. Todo cambia de un momento a otro, somos conscientes de que somos cambiables y por lo tanto tenemos miedo de fijar nada para siempre.-

Los propios gobiernos, la dirigencia en general, la sociedad toda, practica una suerte de "pragmatismo polivalente", mediante el cual no hay reglas prefijadas, todo es cambiable e intercambiable, finalmente el secreto del éxito está en la capacidad de adaptación a los nuevos paradigmas, aun cuando ellos constituyan opciones muchas veces de dudosa eticidad.-

Por supuesto que esa situación de perpetua inestabilidad tiene efectos sobre la identidad, una búsqueda muchas veces infructuosa por lograr las propias definiciones, una vida individual y social sin parámetros permanentes.-

Bauman plantea que en la modernidad líquida *"las identidades son semejantes a una costra volcánica, que se endurece, vuelve a fundirse y cambia constantemente de forma"*.- Desde un punto de vista externo parecerían estables, pero para el individuo aparecen la fragilidad y el desgarro constantes ante tanta inestabilidad.-

Los poderosos que manejan los resortes sociales de la modernidad líquida, son quienes rechazan y evitan lo durable y celebran lo efímero, mientras los que ocupan los lugares más bajos luchan desesperadamente para lograr que sus frágiles y pasajeras posiciones, duren más y les brinden servicios más duraderos.-

La nueva técnica del poder es la que emplea como principales instrumentos el descompromiso y el arte de la huida.- Cualquier trama densa de nexos sociales implica un obstáculo, la única garantía de la invencibilidad es la fluidez.-

Y así llegamos también a la "democracia líquida", que se alimenta de "partidos políticos líquidos", que cambian permanentemente, que no tienen normas ni principios estables, que están volcados al pragmatismo de los sucesos y las necesidades del momento, incapaces de fijar los rumbos que requiere la sociedad.-

La realidad de las agrupaciones partidarias es

altamente sintomática de esta política líquida, sin parámetros ni principios.- Actualmente hay en el país más de 700 partidos políticos, de los cuales apenas 40 son nacionales y el resto de distrito.-

¿Pero se diferencian uno de otros? Dijo el Director Nacional Electoral, Alejandro Tullio: *"La cantidad de partidos políticos, especialmente en algunos distritos, no se corresponde con la diversidad de opciones políticas o ideológicas que debieran ser la causa por la cual se crea un partido, sino circunstancias de naturaleza electoral que necesariamente deben realizarse."*

La "democracia líquida" permite en la Argentina que se creen muchos partidos políticos como alternativa a los aparatos partidarios, lo que posibilita a muchos políticos canalizar sus ambiciones personales a través de nuevas organizaciones políticas sin ningún tipo de sustento diferente.-

Hoy, los "ismos" sólidos del justicialismo, radicalismo, liberalismo, panuismo, autonomismo, comunismo, han sido reemplazado por los "ismos" líquidos del kirchnerismo, massismo, macrismo, ricardismo, tatismo, camauismo, es decir que –al decir genial de un ex canciller- estamos reemplazando la democracia de los "partidismos" por la de los "fulanismos-menganismos".-

Según Mario Fontela, politólogo del Instituto Juan Perón de Antonio Cafiero, sólo en Argentina pueden verse estas alquimias, y, más aún, se puede observar con frecuencia, luego de electos, el pase de políticos a otros partidos o bloques, algo considerado inaceptable en democracias como las europeas o la de Estados Unidos.-

Aquello que en el ámbito parlamentario se conoce con el argentinismo de "borocotización", en la política se lo grafica con un neologismo: el "panquequismo", que es de gran utilidad para dar una vuelta de campana y colocarnos del lado que sopla el viento, cual veleta de tejado, una actitud cada vez más repetida en la democracia argentina.- Afecta tanto a partidos como a personas.-

Los partidos provinciales correntinos son el ejemplo más patético de la "liquidez" de la política, un turno electoral se alían con un partido nacional, al siguiente con el otro, para terminar poniendo sus huevos en sendas canastas y "garronear" de esa manera algunos carguitos que sólo convierten sus historias de luchas y principios, en la liquidez vergonzosa del mercantilismo de poca monta.- No sólo han perdido mensaje político, han perdido además la adhesión de la ciudadanía y el mínimo de solidez conceptual y ética, que no vale la miserabilidad de un escaño.- Y así se van muriendo de lenta inanición.-

En 2017, Corrientes eligió Intendente y Concejales de la Capital.- La patética acumulación de "colectoras", un término más vial que político, nos demuestran que de 37 partidos acumulados, 35 de ellos no alcanzaron al 5%, entre ellos partidos que son un sello, otros que tienen una vida partidaria intensa pero una flaca realidad electoral, y muchos otros revividos para hacer de soporte de un fulano y un mengano sin ninguna propuesta diferenciadora que permitiera presentar una opción política diferente.-

En suma, Corrientes y el país, tienen la temible y desgarradora combinación de partidos políticos débiles y normas electorales laxas, que permiten la proliferación de entidades y hombres intercambiables, ideas sumamente flacas, principios de plástico, y una liquidez democrática en la que vale más las ambiciones sin control, que las propuestas y principios sustentables.-

Lo contradictorio de todo esto es que, cundo más avanza la continuidad democrática argentina, más se envilecen sus procedimientos, sus normas, y la seriedad con que la sociedad debe encarar sus procesos políticos que desembocarán irremediablemente en la elección de quienes nos deberán guiar a un mejor futuro o al abismo.-

La democracia inculta

El insumo básico y esencial de la democracia es el ciudadano.- Si el mismo es inculto, superficial, frívolo, ignorante, le estamos dando magnífica oportunidad para que los profesionales de la política puedan hacer "campo orégano" con nuestras adhesiones no racionales.-

Goncal Mayos[33] se interroga: "*¿Una "sociedad de la incultura" puede continuar siendo democrática y/o hacerse cargo de sus problemas crecientemente complejos?*"

El crecimiento hiperbólico de la información disponible es muy superior a la capacidad de los individuos para procesar dicha información, supera los límites biológicos y funcionales de la capacidad humana.-

Estaríamos, con ello, condenados los seres humanos a vivir en la ignorancia, en el no saber, y, al decir de Innerarity, la preocupación principal de la política no debe ser la tecnocratización del gobierno sino la administración de la ignorancia.-

Ahora bien, ¿cuál es la respuesta que los seres humanos, en cuánto ciudadanos, debemos darle a nuestras responsabilidades cívicas?

Gonzal Mayos visualiza una creciente dificultad de la mayoría de la población para hacerse cargo reflexivamente de las responsabilidades en cuánto a sus decisiones políticas, si no hay un progreso en la cultural general de la gente y en sus procesos racionales.-

No se trata de la obsolescencia cognitiva en los conocimientos expertos, "*sí en aquellos conocimientos generales que precisan para, en tanto que ciudadanos con derecho a voto, poder decidir democráticamente y con conocimiento de causa sobre los procesos crecientemente complejos que configuran la vida humana actual.*"[34]

Si la insuficiencia cognitiva de los ciudadanos, en cuánto a conocimientos generales y específicamente en relación a su capacidad de razonamiento, se produce en medio de la catarata de información, es decir si se presenta la paradoja de ciudadanos informados y a la vez ignorantes, ¿cuál es el peligro que corre la democracia en tanto su insumo básico no esté en condiciones de hacer frente a las exigencias responsables de sus decisiones políticas y de voto?

La incultura general de la sociedad, como peligro básico de la democracia, sólo puede ser neutralizada con la preparación y la educación de los individuos en tanto ciudadanos, circunstancia que por ahora la política profesional no parece estar interesada.-

La pasión del hincha o la razón del ciudadano

Un legendario relator deportivo, repetía que "el fútbol es pasión de multitudes", y razón no le faltaba.- El hincha futbolero soporta todo, el frío, el calor, las incomodidades, las esperas y tantas cosas, con tal de ver a su equipo favorito.- No me refiero al barrabrava violento e interesado, sino al hincha que banca a su camiseta en las buenas y en las malas, en el campeonato y en el descenso, siempre.- No conozco a un verdadero hincha que haya cambiado de bando porque no ganaba su cuadro favorito.-

Es que la pasión, como el amor, es una emoción intensa, un sentimiento, lo que se ama no necesita de razones, no se puede explicar, el corazón no sabe de "porqués" ni de resultados.- Y, para mejor, la pasión futbolera es perdurable, incondicional, intensa, innegociable, provoca un fenómeno que difícilmente se de en otros ámbitos: es democrática y justiciera, porque iguala jerarquías y elimina clases sociales, aunque más no sea por noventa minutos.-

La nobleza de la pasión nos exige diferenciarla del capricho, el arrebato, el impulso, la adicción.- Esta distinción tiene tanta importancia como la que se establece psicoanalíticamente entre el deseo y su mala caricatura: las ganas.-

La pregunta es: ¿la pasión del hincha de un equipo es equivalente a la del ciudadano por su partido político? ¿Juegan en la política los sentimientos y las camisetas, las banderas y las divisas?

La historia nos muestra que, en tiempos pretéritos, las personas adherían a sus colores partidarios tal cómo un hincha de fútbol a su camiseta, de forma incondicionada, hasta hereditaria por su trasmisión de padres a hijos.- El que nacía colorado, moría colorado; el que lo hacía celeste, moría celeste, el blanco, blanco.-

Otros tiempos, otras realidades, otros principios, otras formas de vivir la vida, eran épocas en que la palabra valía lo que un documento (o más) y el compromiso se sellaba a fuego.-

Paulatinamente, con el transcurso de los años, la vida fue cambiando (no sé si en evolución, éticamente hablando), las relaciones se fueron configurando de un modo más liviano, más "ligth" para usar un extranjerismo actual.- Ni los matrimonios son ya una apuesta para toda la vida, menos aún otros compromisos no tan cercanos.-

Entre tantas, también la política fue cambiando, los partidos fueron perdiendo identidad, la adhesión a los mismos mutaron desde la pasión hacia el compromiso "aguachento", capaz de cambiar de un momento a otro sin valederas razones.-

En descargo de la política, debo decir que no son absolutamente identitarios los vínculos que se generan entre el hincha y su club por un lado, con el que tiene el ciudadano con el partido de su preferencia.- La modernidad ha devaluado la pasión, pero paralelamente no ha puesto en valor la razón.-

Los comportamientos humanos cambiaron, y los sentimientos fueron progresivamente transformándose en elementos menos determinantes, el vínculo fue separándose de las emociones aunque no se acercara lo que sería deseable a la razón.- Es más, todo lo que quedó de la pasión, con la personalización de la política fue volcándose al líder carismático, y casi nunca, a una organización política.-

Es por ello que, en el universo del electorado, el votante cautivo (o adherente incondicionado a una divisa partidaria) haya ido cediendo espacio cada vez más evidente en favor del votante no comprometido de antemano, aquél ciudadano que en cada elección hace pesar su juicio particularizado acerca de las ofertas electorales.-

Los candidatos, los sesgos personales, el grupo de pertenencia, la esperanza de mejora del propio nivel de vida, y en instancia muy lejana las propuestas y las ideologías (en mínima proporción) son el elemento movilizador del voto no cautivo.-

Aunque, en perjuicio democrático, el crecimiento del voto alimentario haya creado un nuevo tipo de votante cautivo, que también tiene que ver con la razón (el plan) y no con la pasión.-

Aunque no lo parezca, la mayor proporción de votantes nómades o "mutantes", produce un resultado beneficioso para la democracia, porque el político no puede dormirse, debe renovar la propuesta en cada oportunidad, para cada momento de la vida comunitaria, ante cada acechanza sobre la suerte común, para conquistar ese voto no cautivo.- Ni sirven los laureles marchitos, ni la invocación a las glorias pasadas, ni la eventual apelación a una pasión del tipo futbolero.-

Sin embargo, una cosa es que el ciudadano pueda dirigir su voto de modo distinto en cada elección, y otra muy distinta que su direccionamiento no dependa de su capacidad de análisis sino de tantas cuestiones que mucho más tienen que ver con los sesgos personales y no con la racionalización del mismo.-

Finalmente, desde la perspectiva que planteamos, el verdadero eje de la política contemporánea no está dado en la tensión entre la pasión y la razón, sino entre la pasión y la indiferencia, la ética y la desvergüenza, el conocimiento y la ignorancia, los principios y las ambiciones, las reglas y el desmadre utilitario.-

Por ello, tal vez tengamos mayor satisfacción espiritual al sentarnos en el tablón del hincha que en las tribunas de la política.-

El "votonto"

La voz compuesta "votonto" puede significar un votante ciego, sordo y mudo, o el voto tonto, que para el caso sería lo mismo.-

La democracia idiota también tiene que ver con el ciudadano idiota, que es el integrante de una comunidad política que se desentiende de la política y que se despreocupa de lo público.-

"Larry, un joven ciudadano de Texas, de ideología demócrata, mira en su papeleta para las elecciones de este año. Para elegir diputado para la Cámara de Representantes, en Washington, solo hay un candidato: un republicano. Para su circunscripción en el Congreso de Texas, solo hay un candidato: un republicano. En el Senado de Texas, solo se presenta un candidato, también republicano. Este votante, como la gran mayoría de los habitantes de su estado, no puede elegir a sus representantes, sino que se los imponen. Cada vez más zonas sufren esta enfermedad, que amenaza la democracia en Estados Unidos" (El Economista, 17.9.2016).-

Aunque parezca mentira, la mayor democracia del mundo, los Estados Unidos, tiene un sistema electoral que genera en el ciudadano la sensación que todo está ya decidido y votar no sirve de nada.- De los 50 estados, en 43 ya se sabe quién ganará las elecciones presidenciales a dos meses de votar.- Por ello mismo, cuesta mucho generar participación electoral en un sistema que es voluntario.-

Ya en nuestro país, ¿se ha puesto a pensar Ud. cuánto sería el porcentaje de votantes en las Paso, si las mismas no fueran obligatorias? Sí, Ud. coincide conmigo, seguramente bajo, muy bajo.-

Las Primarias Abiertas, Simultáneas y Obligatorias (Paso), a decir verdad, son un engendro legislativo que nació con un propósito meramente electoralista del entonces oficialismo, pero que en la práctica ha demostrado su fracaso y el incumplimiento de los objetivos por los que teóricamente fueron implantadas.-

La pluralidad es el núcleo de la democracia así como la uniformidad es la sabia del totalitarismo.- En los comicios, la existencia de más de una oferta electoral es esencial para que los mismos reflejen la pluralidad democrática.-

El voto es una condición necesaria aunque no suficiente para que un sistema político sea democrático.- Supone, además, la celebración de elecciones periódicas mediante el sufragio universal, libre, igual, directo y secreto.-

Me permito, sin embargo, agregar dos condiciones que considero verdaderamente importantes: la existencia de competencia y de competitividad, es decir la pluralidad de oferta electoral (más de un candidato en las primarias, y más de un partido en la general) y cierta paridad de fuerzas entre los postulantes.-

Nadie puede dudar a esta altura de los tiempos, que se satisface la exigencia del sufragio democrático no únicamente cuando se vota, sino además cuando concomitantemente se elige.- Si hay un solo candidato o boleta electoral, el votante no elige, acepta o acepta, ya que el rechazo (voto en blanco) no tiene ninguna incidencia práctica.-

De acuerdo a datos suministrados por el Observatorio Electoral Argentino, en su comparación de las Paso en los años 2011, 2013 y 2015, en cuánto a los niveles de competencia (más de una lista) y competitividad (una diferencia no mayor del 10% entre las dos más votadas), los datos no pueden ser peores: En 2011 se hicieron 202 primarias (100%), sólo en 23 de ellas (11%) hubo más de una lista y apenas hubo competitividad en 9 (4%).- En 2013 y 2015 los números son parecidos.-

Dos conclusiones contundentes: a) en ocho de cada diez veces, no existe competencia porque hay una sola lista, impuesta por la oligarquía partidaria o el mandamás de turno; b) de existir competencia, por haber más de una lista, gana siempre el "caballo del comisario", es decir la lista de los que manejan los resortes del poder partidario o estatal.-

Para las primarias de 2017, en Provincia de Buenos Aires, dónde se juega en gran parte el destino electoral de esta Argentina centralista, Esteban Bullrich por la alianza oficialista Cambiemos, Cristina Kirchner por Unidad Ciudadana, y Sergio Massa por Un País, no compitieron con nadie en sus respectivos espacios.- Lilita, en la ciudad Autónoma, tampoco.- Lo propio sucedió en las presidenciales, en que las primarias presentan listas únicas, el candidato ya viene impuesto y el elector se limita a ensobrar la boleta y depositarla en la urna.-

En Corrientes pasa algo similar.- Ricardo Colombi es el gran elector en la alianza de gobierno, de su exclusiva voluntad depende la lista completa, él eligió los candidatos a diputados nacionales, y el elector simpatizante se limitará al acto mecánico de ingresar al cuarto oscuro, buscar la única boleta de su partido, ensobrarla y colocarla en la ranura de la caja de cartón.- Valga la excepción del peronismo correntino, en el que compiten varias listas.-

Entiendo que las Paso tienen ya suscripto el certificado de una próxima defunción.- No han servido para democratizar la selección de postulantes a cargos electivos, no han mejorado la calidad de la representación, no han neutralizado la influencia de las elites o trenzas partidarias.-

Al pueblo argentino le cuestan una millonada.- Es cierto que la democracia tiene un costo, a veces importante, que el sistema debe asumir como elemento indispensable de su propia existencia.- Sin embargo, cuando se gasta sin tener claros la idoneidad de los mecanismos y además fracasar en alcanzar los objetivos propuestos, es dinero público dilapidado, y eso ocurre con las Paso.-

Asimismo, ninguna de sus características principales resultan fundamentales a la hora de elegir candidatos partida-

rios.- No se justifica su obligatoriedad, tampoco su simultanei-
dad y menos aún   su carácter abierto.-

Los partidos políticos y la propia prensa especializada
han desnaturalizado la esencia de las primarias.- No se mide la
competencia interna, obviamente porque no existe en el 90%
de los casos, al haber una sola boleta por partido.- Se las analiza
como una carísima encuesta previa a las elecciones generales,
en la que se comparan los votos obtenidos por cada candidato y
partido, a pesar que no hayan competido entre ellos.- *"Las elecciones se están convirtiendo en poco más que un censo de simpatías
políticas, sin ningún tipo de competición"* (Víctor Ventura, El Economista).-

Está comprobado que en las Paso, cada ciuda-
dano vota por el partido de su preferencia, esté o no afiliado
al mismo.- Así que, cuando cada argentino se prepare para ir
a votar, sabrá que no estará eligiendo sino simplemente cumpliendo con el acto mecánico que impone una ley que se ha pro-
bado como inútil.-

Sin embargo, esta crítica no debe ser tomada
como consentimiento para hacer tabla rasa con toda norma que
establezca condiciones para nominar candidaturas.- Muy por
el contrario, debe buscarse una metodología de cumplimiento
obligatorio para los partidos, que garanticen un verdadero mecanismo democrático, más práctico, más eficiente, menos caro
y no obligatorio para los electores.-

De allí lo del voto tonto o el votante tonto, en
el que la política piensa que el ciudadano no tiene la capacidad para elegir, entonces los políticos eligen por vos y luego te
hacen entrar al cuarto oscuro para que ensobres la boleta única
y convalides formalmente lo que ellos ya eligieron.-

La democracia idiota

Ya habíamos dicho que en el idiota moderno confluyen dos elementos que lo hacen tal.- Ambos tienen relación con su condición de integrante de una sociedad, y especialmente con su carácter de ciudadano en un sistema democrático.-

El primer elemento del idiota moderno, lo dijimos, es su ignorancia, entendida ésta como incapacidad para pensar y consecuentemente tomar decisiones que tengan que ver con el proceso mental de elaborar el pensamiento.- Esa ignorancia, va acompañada por un sentimiento de infalibilidad que lo transforma en un ignorante inconsciente de su propia ignorancia.-

El otro elemento, no menos importante, es el desentendimiento que el idiota tiene de lo público, y, consecuentemente, de las responsabilidades que como ciudadano tiene de participar con un voto responsable.-

Dante Palma, con bastante de ironía, define a la *democracia idiota* aquella en que *"una mayoría de idiotas elige a un conjunto de idiotas para que sean los encargados de administrar la cosa pública."*[35]

Existe hoy en la sociedad una fuerte carga de *antipolítica*, pero entendida ésta como el desentendimiento idiota de la cosa pública, la aversión por la política como actividad, la crítica sin fundamentos, el relativismo moral, más no como Diógenes en la Grecia antigua, que hacía de ese desentendimiento una forma de protesta ante las fallas del sistema.-

Bertolt Bretch llamó al idiota de la democracia como *analfabeto político*: *"El peor analfabeto es el analfabeto político. No oye, no participa de los acontecimientos políticos. No sabe que el costo de la vida, el precio de los frijoles, del pan, de la harina y de los remedios, dependen de decisiones políticas."*

Vivimos en el mundo un tiempo de democracias idiotas, en las cuales la exaltación de lo privado se ha hecho a costa del interés por lo público.-

Desde una juventud desinteresada por la política hasta una clase media que la demoniza, estamos atravesando una época dónde la crisis de representación crece en un proceso de retroalimentación entre representantes y representados: representantes menos confiables, representados más desinteresados; representados más desinteresados, representantes menos confiables.-

En nuestro país, con el cambio de gobierno, se acusa a la administración macrista de haber introducido *la democracia idiota* en la Argentina, al machacar sobre el concepto que cuando menos interviene el estado, más margen hay para la libertad y el crecimiento del campo privado.-

La incorporación de los ejecutivos de empresas privadas al manejo de distintas áreas del estado, ha implantado en el país el concepto de la privatización de la política, que no es otra cosa que su degradación como asunto de todos.-

De manera irónica, el concepto fue descripto como *ceocracia*, es decir el gobierno de los CEO.-

El Diario Página 12 del 3 de enero de 2016, veinte días del comienzo del gobierno del PRO, analizando el gabinete de Mauricio Macri, publicaba un artículo denominado *"El país atendido por sus propios dueños"*, mencionando el nombre del funcionario, el cargo público que ostentaba, y la empresa a la que perteneciera.-

A modo de ejemplo mencionamos algunos

casos: Susana Malcorra, canciller (Telecom e IBM); Francisco Cabrera, ministro de Producción (HSBC); Alfonso Prat Gay, ministro de Hacienda (JP Morgan); Juan José Aranguren, ministro de Energía (Shell); Mario Quintana, secretario de Coordinación interministerial de la Jefatura de Gabinete (Pegasus Capital y Farmacity); Gustavo Lopetegui, secretario de Coordinación de Políticas Públicas de la Jefatura de Gabinete (LAN); Luis Caputo, Secretario de Finanzas (Deutsche Bank y JP Morgan); Marcos Ayerra, presidente de la Comisión Nacional de Valores (Viosidus y Chase Securities); José Luis Sureda, secretario de Recursos Hidrocarburíferos (Pan American Energy); Hugo Balbona, titular de Enarsa (Axion); David José Tezanos, titular de Enargas (Metrogas, Wintershall Energía,Total Austral y TGS); Juan Garade, titular del Enre (Edenor y Edesur); Isela Constantini, titular de Aerolíneas (General Motors); y sigue la lista.-

¿Es incompatible la función pública con haber pertenecido a la actividad privada? Seguro que no, pero visto en perspectiva y en la cantidad y calidad de los cargos estatales, seguramente se advierte el concepto general del gobierno actual, que ha desvalorizado la política y confiado en el ámbito privado.- Cuestión aparte son los conflictos de intereses, que se vienen dando con resultado diverso.-

Y el significado de la integración del elenco gubernamental, es el mensaje que ello conlleva, muy distinto a la actitud de los pudientes griegos.-

Así lo manifestaba Pericles: *"Un ciudadano de Atentas no abandona los asuntos públicos para ocuparse sólo de su casa, y hasta aquellos de entre nosotros que tienen grandes negocios están también al corriente de las cosas de gobierno. Miramos al que rehúye el ocuparse de política, no como una persona indiferente, sino como un ciudadano peligroso…Es opinión nuestra que el peligro no está en la discusión, sino en la ignorancia; porque nosotros tenemos Cómo facultad especial la de pensar antes de obrar."*

La cuestión no está en que los ricos intervengan en política, como sucedía en Atenas, sino que los adinerados a los que nunca les interesó la política salvo para sus negocios, sean los únicos que puedan administrar la cosa pública con eficiencia y honestidad.- Mensaje peligroso y mentiroso.-

Trasplantar la actividad privada a los puestos estatales, es sí una estrategia global que corresponde a una concepción de la política y del estado.-

Borges, mencionado por Palma, consideraba que el argentino es, ante todo, un individuo *antiestatalista*, que considera al estado una *ajenidad*, distinto a como lo hacen los ciudadanos norteamericanos y europeos.-

De allí que es pobre nuestro sentimiento de la patria y de la política.- Nuestros héroes son solitarios, individualistas (como Juan Moreira, Segundo Sombra, Martín Fierro), distintos a los superhéroes yanquis que terminan su tarea escuchando el himno de los E.E.U.U. y con los móviles policiales de fondo (el estado) que vienen a concluir la tarea.-

Pero Borges decía que en la medida que el estado siga ampliando su participación en la vida de las personas, el efecto es el de lograr argentinos cada vez más individualistas y antiestatalistas.-

Un concepto muy arraigado en la sociedad argentina es que todos los que están en el estado, consecuentemente todos los que participan en la política, son "chorros" hasta que demuestren lo contrario.- Lamentablemente, para nuestra propia salud cívica, esa creencia se vio reforzada por los resultados de la corrupción kichnerista.-

Una pregunta decisiva respecto a sobre quienes descansa el poder, se vuelve una cuestión ideológica más que práctica.-

Para el populismo en general y la izquierda en particular, los verdaderos detentadores del poder son las corporaciones, para las que mayor dominio económico más poder y más poder más dominio de los resortes jurídicos y políticos del estado.-

Para la posición liberal, el poder opresor descansa en el estado, más interviene el estado en la vida de la gente, menos libertad.-

Palma, un kirchnerista casi confeso, sostiene que la identificación del poder con el estado es una concepción conservadora, aristocrática.- Poner el acento en los funcionarios públicos es dejar liberadas a las corporaciones para sus trapisondas.-

Más, no por casualidad, la cuestión se presentó al revés en el segundo y tercer lustro de la política argentina.- Desde el poder del estado se lanzó el mensaje de lucha contra las corporaciones, la corporación mediática, la corporación judicial, los fondos buitre, etc., o el enemigo de turno que pasase por enfrente, logrando un "relato" ficcionado que permitió que la corrupción invadiera el estado hasta límites no conocidos.-

Tengo para mí que el poder no es unívoco sino múltiple. Pero es a partir del estado en que el poder se transforma en responsabilidad social.- Un estado excesivo no permite el desarrollo y la creación, un estado mínimo no cobija los requerimientos básicos del ser humano en su vida en comunidad, como la salud, la seguridad, la educación.-

La democracia idiota de los Kirchner

La democracia es idiota en la Argentina hace mucho tiempo, aunque desde el punto de vista de la masa, hay diferencias entre la democracia idiota de los Kirchner y la democracia idiota de Macri.-

En ambos casos hay una intencionalidad manifiesta de desviar la atención general de los asuntos públicos, aunque con distinta estrategia y distinta masa crítica.-

La masa crítica de la democracia kirchnerista fue la del amplio sector de los necesitados.- Los subsidios, los planes, las tarifas, permitieron mantener a gran parte del entramado social, dependientes del dinero del estado, que a modo de limosna llegaba con metodología del mercantilismo electoral.-

Asesorados por grupúsculos de iluminados, que hacían de los devaneos de sus propias construcciones teóricas un pseudo camino hacia la verdad, el líder populista encarnaba la única y última verdad.- El resto era la arquitectura sofista de la justificación de la autocracia.-

¿La democracia fue pensante durante el período de los Kirchner? No, de ninguna manera, fue un gobierno que prefirió la mentira a la *parresía*.-

El pueblo no pensaba, se lo subsidiaba para acompañar las políticas de la dádiva, mantener la pobreza como fuente clientelar, asistir a los actos.-

Obviamente, había una clara diferencia entre un *demos* subsidiado y utilizado como "carne democrática", y una elite paga para justificar las posiciones del poderoso.-

El programa ultraoficialista "6,7,8", el grupo de otoñales pensadores pagos de "Carta Abierta" de la Biblioteca Nacional, la Secretaría del Pensamiento a cargo del filósofo

Forster, constituyen una representación patética del intento de construir un "pensamiento hegemónico" que se traduzca finalmente en una hegemonía política, cultural y finalmente electoral.-

El régimen pasado, como demostración de su impronta totalitaria, no dejó pasar la oportunidad para institucionalizar el "pensamiento democrático".-

Como si no hubiera sido suficiente con la estatización de la Universidad de Madres para la producción de militantes revolucionarios y la creación de la Universidad de la Defensa para el adoctrinamiento de militares y civiles en el campo de la seguridad interior y exterior, también el "pensamiento" tuvo su estructura estatal.-

No podíamos ser menos que Venezuela, que fue capaz de descubrir que la "felicidad" puede generarse a través de la burocracia, y creó el Ministerio de la Felicidad.- Nosotros fuimos más ambiciosos y, por qué no decirlo, más profundos que los venezolanos, nos remontamos al núcleo de la producción humana, el pensamiento, al que le creamos también una oficina, en el Ministerio por entonces a cargo de Teresa Parodi.-

Por Decreto Nacional N° 837/2014, la Presidente de la Nación designó al filósofo Ricardo Forster, en el cargo de Secretario de Coordinación Estratégica para el Pensamiento Nacional, pomposo nombre si los hay.- Aunque parezca mentira, el decreto tiene cuatro líneas, literalmente no tiene ningún fundamento, ni existen tampoco antecedentes de las características, facultades, misiones y funciones de la mencionada Secretaría.-

La importancia de la cuestión no radica, sin embargo, en los aspectos burocráticos de la original creación presidencial, sino en el significado trascendente que la medida tiene para el sistema de vida de los argentinos, la vigencia de las libertades.-

¿Hasta dónde llega el estado en su intervención en la vida de las personas, cuál es su límite, qué aspectos fueron reservados para el ámbito privado que los burócratas de turno no pueden ni deben traspasar, cuál es el reducto sagrado e inviolable de del ser humano como tal y en interrelación con su entorno y con otros ser humanos?

Si hay algo que nadie debe, de ningún modo, encorsetar, direccionar, coordinar, sugerir, regimentar, discernir, o de cualquier modo intervenir, es sin dudas el ámbito de las ideas.-

El atributo esencial de la condición humana, primario, definitivo, diferenciador, es la capacidad de pensar, entendido ésta como la producción del intelecto en su libre evolución.- Es decir, la libertad es al pensamiento cómo el oxígeno a la vida, una precondición.-

De tal modo, si el estado crea un organismo coordinador del pensamiento y si además el sustantivo es cualificado con el adjetivo de "nacional", está significando sin dudas que todo pensador que no tribute a la "Secretaría del Pensamiento" será un pensador marginal, y sus "ideas" podrán ser catalogadas como "no nacionales".-

Tal parece que el régimen kirchnerista, con ello, completó las casillas del "buen autoritario".- Uniformar el pensamiento, hacer un manual del "pensador nacional", y tal vez declararlo obligatorio para la educación púbica en el próximo paso.-

La obligación esencial de los gobiernos no es garantizar la propagación del pensamiento mayoritario, ésa es una condición de los totalitarismos.- La democracia sólo se consuma si se garantiza a las minorías el ejercicio pleno de manifestar su propio pensamiento, sin miedos ni cortapisas, en absoluta libertad.- El novel organismo caminaba exactamente para el lado opuesto.-

El empaquetamiento intelectual es absolutamente contradictorio con la naturaleza del pensamiento, la codificación estatal de las ideas es una actitud policíaca deleznable.-

El filósofo marxista italiano Antonio Gramsci, ha dicho que la hegemonía existe cuando una clase dominante es capaz de obligar a una clase subordinada a renunciar a su identidad y a su cultura grupal, ejerciendo el control total de las formas de relación y de producción.- Michel Foucault, que ha descripto al poder como una relación entre dominantes y dominados, sostuvo que la "potentia" es la ideología de los dominantes, cuyo objeto es imponer los criterios de verdad a los dominados; la "potestas" intenta contrarrestar esa fuerza mediante el trabajo de resistencia a su influjo.-

La hegemonía política tiene su sustento principal en la hegemonía cultural, y ésta se construye a través del pensamiento hegemónico.- Hegemonía cultural es la imposición al otro del propio pensamiento, y cuando sucede desde el estado, la nota de coacción que ello supone termina por borrar los vestigios del pensamiento diferente.-

Otro tanto cabe para el filósofo puesto a cargo.- Fue el líder de "Carta Abierta", ese colectivo de intelectuales kirchneristas que se ha encargado puntualmente de difundir textos retrógrados, facistoides, maniqueos, intolerantes, que parecen representar verdaderos orgasmos intelectuales de otoñales impotentes.-

Sus integrantes, inmersos en su propio cerco

intelectual que han sabido construir desde la Biblioteca Nacional, cada rato nos anoticiaron de sus posiciones incompatibles con la libertad de pensar que debe ser propia de la producción intelectual.- La Cámpora, al lado de ellos, resultaron kirchneristas tibios.-

Me pregunto, entonces, si puede coordinar la pluralidad ideológica que se supone en un estado democrático, un representante del intelectualismo regimentado, un cultor de la trinchera antes que del consenso.- Imposible.-

Pidiendo de antemano perdón por los términos, creo que la creación de un organismo estatal para coordinar el "pensamiento" fue propio de un país trucho, bananero, retrógrado, seguramente sujeto de las burlas del mundo, así como en su oportunidad las recibió Maduro con su ministerial "felicidad".-

Forster se quejó de las calificaciones mediáticas, que compararon su flamante Secretaría con el goebbeliano Ministerio de Propaganda nazi.- Alfonsín trajo a cuento el Ministerio de la Verdad de la novela "1984" de H.G.Wells.- La ex diputada Giudici le puso el cuadro de Stalin en su twiter.- Tiene razón Forster, son verdaderas excesos comparativos, no porque el concepto sea diferente, sino porque el régimen carece del poder de fuego de las otroras dictaduras.-

La singular creación presidencial fue rumbo al más rotundo fracaso, no sólo porque no se puede ir contra la esencia de las cosas, sino porque los únicos intelectuales que pudo juntar fueron los que adhieren al modelo nac&pop, oportunismo mediante.-

Los totalitarismos atraviesan por un primer período, que es el de la imposición al resto de su ideología, de su concepción cultural.- En el segundo, el post hegemónico,   la hegemonía está instaurada y sólo hace falta controlar y mantener el "status quo".- El kirchnerismo no pudo pasar del primero.-

Si ellos fueron los "sabios" de Cristina y Néstor, la "masa" fue la muy importante cantidad de necesitados que, convenientemente organizados, servían para darle una pincelada democrática al sistema, si así puede llamarse a las marchas, los escraches, los cortes de calle, los actos de loas a los detentadores del poder.-

Clientelismo, el componente preferido de la democracia idiota

La "masa crítica" de la democracia idiota de los Kirchner, se movía entre los pliegues de un fenomenal sistema clientelar, que, es cierto, nunca fue ajeno a la política de todos los colores partidarios, pero que en los populismos se institucionaliza de tal manera que constituye la base de la "justicia social" que pregonan.-

Tucumán puede enorgullecerse de haber sido la cuna de nuestra independencia.- De lo que no puede alardear es de haber construido el originario pesebre del clientelismo, aun cuando éste se conduzca a sus anchas en la provincia de la superficie corta.-

Ya formados el cielo y la tierra, luego que la manzana fuera mordida, ahí nomás nació la política, que es la segunda profesión del mundo más antigua.- Al día siguiente, sólo a veinticuatro horas, en parto traumático, la política tuvo su primer vástago, su hijo pródigo, el clientelismo.-

De tal manera, aun cuando hayan sorprendido al mundo por la imaginación en la metodología, Alperovich, Manzur y compañía no pueden presumir de la paternidad de esa descendencia bastarda de la política.-

Es que a pesar del ruido ensordecedor de los lamentables sucesos electorales de 2017, amplificados geométricamente por la prensa nacional, nadie puede hacerse el desentendido ni tirar la primera piedra contra esa lacra ética, que sobrevive chupando la sangre del sistema, el menos malo que conocemos para elegir a nuestros gobernantes, la democracia.-

Lejos están los tiempos de Pericles y las formas directas de la democracia ateniense, hoy necesariamente debemos delegar nuestro derecho originario en personas que nos representen en el gobierno de la comunidad.- Para ello, el número de voluntades juegan un papel determinante en la selección de los mandatarios.-

En los tiempos que transcurren, hacerse conocido a través de la propaganda y lograr las adhesiones (votos) que nos proyecten a los puestos de mando, importa disponer del suficiente dinero para el financiamiento.- El que no tiene dinero, por muchas capacidades o virtudes que exhiba, seguramente el camino le será mucho más difícil que aquél que tiene a mano la caja estatal, su propia riqueza o los apoyos de empresas interesadas.-

El propio Néstor Kirchner, en un arranque brutal de crudeza expositiva, una especie de sincericidio público, había dicho que "para hacer política hace falta mucho dinero".- De allí a no hacerle asco a ningún método para conseguirla, hay un paso corto.-

Es que el sistema democrático ha pergeñado una persistente mecánica en la política vernácula, que tiene que ver con la variedad de posibilidades para inclinar la voluntad del elector.- Una de las preferidas por nuestros políticos, de todo el arco, es el soborno al ciudadano, forma miserable si las hay de inclinar voluntades valiéndose de la necesidad del semejante.-

Hoy el compañero íntimo del triunfo electoral es el dinero, la democracia adquiere la envergadura de la disponibilidad monetaria, quién más tiene más puede.- No es casual que casi siempre triunfen los oficialismos, por la sencilla razón de ser los que manejan a su antojo los fondos públicos, para inclinar voluntades de un modo casi invencible.-

La política ha institucionalizado una lógica perversa, que se traduce en: "más tengo, más puedo" "más abuso del dinero público, mayor tiempo me sostendré en el poder"; "más rico soy, más caminos se abren".- Política y dinero, poder y venalidad, riqueza y triunfo.-

El clientelismo ha adquirido formas diversas e imaginativas.- Pero, podemos decir que el más dañino es el "clientelismo institucional", que es el practicado por los gobiernos y actúa sobre la necesidad de la gente, aprisionadas con los planes sociales y las viviendas.- Para mantenerlos, difícilmente una persona pueda dudar a quién votar.- Sobre éste sistema se ha construido la Argentina del siglo XXI, con muchos "clientes" y no tanto "ciudadanos" desde el punto de vista de su libertad electoral, de eso depende hacia dónde se incline la balanza.-

Pero también, el "clientelismo circunstancial" tiene el mismo objeto, aun cuando pueda resultar inorgánico o ser oportunista.- Las famosas bolsitas de mercadería, que en Tucumán se repartieron tanto del oficialismo como de la oposición, las chapas de cartón (tan conocidas en Corrientes), los camiones entregando electrodomésticos, o directamente el cambio del voto por dinero en efectivo.-

De allí que, la práctica del soborno "democrático", tiene una doble categoría de protagonistas: el cliente, que generalmente es la persona con necesidades básicas insatisfechas; y el político inescrupuloso, que debe disponer del suficiente dinero para alcanzar o sostenerse en el poder.- Se configura, entonces, una combinación patética entre la pobreza que necesita y pide, y la riqueza que especula y otorga.-

Entonces, para acceder a las posiciones de gobierno de una sociedad, las mejores posibilidades están del lado de los pudientes, pudientes porque tienen riqueza personal o pudientes porque manejan la riqueza pública.-

Está tan arraigada la compra de voluntades en nuestra "democracia financiera", que pocos se cuidan de ocultarla, hasta pasa a ser un comportamiento normal de funcionarios y políticos, que no enrojecen cuando reconocen haber recurrido a ella.-

El insólito argumento de Alperovich sobre la influencia de la práctica clientelar en la elección de Tucumán (*"a pesar de las bolsas de mercadería que entregamos, perdimos la Capital y otros lugares más, así que no se puede hablar de fraude"*), nos expone crudamente una realidad indisimulable de la inescrupulosidad política, también nos dibuja una sonrisa en el rostro, porque parte de los tucumanos recibieron la mercadería (comprada con fondos públicos, seguramente) pero le hicieron "pito catalán" al oficialismo: votaron a conciencia.-

Así las cosas, debe decirse que el clientelismo es a la política cómo los votos a la democracia, la búsqueda impiadosa de voluntades genera un encadenamiento de causa y consecuencia imposible de escindir en la práctica cotidiana.-

Se advierte, entonces, una doble inmoralidad: la primera, la compra de la voluntad del elector mediante la dádiva; la segunda, el origen de los fondos, la famosa "caja negra" de la política, que se alimenta del dinero público, del dinero de todos, desviados de tal manera para beneficio electoral del sector gobernante.-

La pregunta es ¿hasta qué grado está comprometido el sistema con la práctica clientelar? ¿El soborno es realmente incidente en el resultado electoral? No tenemos dudas que en las provincias pobres, en las que la suma de empleados públicos y beneficiarios de planes alcanza un número casi decisivo del padrón de electores, la distorsión del sistema es una realidad inexorable.-

Tucumán es la punta del iceberg, la realidad subacuática alcanza dimensiones de catástrofe para la salud del sistema y la subsistencia de la autodeterminación del ciudadano.-

Es cierto que el mundo no es ajeno a esta realidad, pero no menos es que los países de desarrollo limitado, gobernados por regímenes populistas, constituyen campo orégano para una práctica clientelar que compromete a todos.-

Políticos que necesitan votos, pobreza estructural y falta de virtudes cívicas, son las patas que sostienen un sistema que no parece que vaya a acabar, aunque sean muchos los que hipócritamente se rasguen las vestiduras.-

El estado benefactor

"Es el año 1861 y la guerra civil estadounidense está destrozando el país.- En un momento en que tanto unionistas como confederados se esforzaban por alistar a nuevos reclutas en sus ejércitos, alguien tuvo la idea ingeniosa: ofrecer pensiones generosas a los soldados y sus viudas.- Todo indica que el plan surtió efecto: cientos de miles se apresuraron a sumarse a la contienda" (Edmund Conway)

¿Cuándo cree que se hizo el último pago de las pensiones de la guerra civil estadounidense? Los veteranos más jóvenes se murieron entre 1930 y 1940, pero el último pago fue en 2004, año en que falleció la última viuda que se casó a los 21 años con un veterano de 81, en 1921.-

El estado de bienestar o benefactor, es aquél

que garantiza a su población más necesitada, los servicios de salud, educación, pensiones, vivienda, etc., que son financiados por la recaudación fiscal de los impuestos que paga la población económicamente activa y en blanco.-

El modelo del estado benefactor se origina en la Alemania de Bismarck en el siglo XIX, aunque fue luego de la Primer Guerra Mundial y de la Gran Depresión de 1930, que se instaló fuertemente en los Estados Unidos y en el Reino Unido, ante la magnitud de las penurias por las que atravesaban muchísimas familias para obtener lo elemental.-

En el siglo XX, las llamadas prestaciones sociales se fueron profundizando, extendiendo y abarcando mayor número de ciudadanos, naciendo un nuevo concepto, ya que los países, antes, sólo tendían a cobrar impuestos a sus ciudadanos con el fin de protegerlos de la delincuencia y de una posible invasión.-

El sistema funcionó de manera excelente en los años de la posguerra, el aumento de la población provocado por la explosión de la natalidad a fines de los cuarenta y la década del cincuenta (el denominado "baby room"), hizo que hubieran muchos trabajadores jóvenes aportantes con sus impuestos, lo que permitió sostener el sistema hasta la década del 80.-

Luego, en función de la disminución de la tasa de fertilidad y otros problemas, el sistema comenzó a hacer agua y los países se pusieron a repensar las soluciones, ante la factura gigantesca que les quedaba pendiente.-

A pesar de haber sacado a muchas familias de la pobreza y haber mejorado de manera importante los estándares sanitarios y educativos en el mundo occidental, los autores detectaron los dos problemas más importantes del estado benefactor: el socioeconómico, debido a su tendencia a desincentivar el trabajo, y el fiscal, relacionado a los recursos que se necesitan para financiar los beneficios sociales.-

En la Argentina, sin dudas con importantes antecedentes de la administración radical, fue Juan Perón el que instaló en todo su esplendor el estado benefactor, aprovechando un momento excepcional de reservas económicas, y una política de apertura a las clases sociales menos favorecidas.- Ello, con altos y bajos, llega a nuestros días.-

Los beneficios de las ayudas sociales tienen mucho que ver con el funcionamiento de la economía en general, las fuentes de trabajo, el nivel de actividad económica.- Por ello, gastar mucho en ayuda social no es un mérito (como parece pensar el populismo), sino un reconocimiento a la falta de posibilidades de las personas de vivir de su propio trabajo.-

En rigor de verdad, no todo es de explicación tan sencilla y monocausal, pero cierto es que la experiencia ha indicado que el estado benefactor no debe ser el objetivo de máxima de una sociedad progresista y tampoco que el mercado es la solución a todos los problemas de un pueblo.-

El Presidente Macri, en su campaña, prometió "pobreza cero".- Aun cuando sabemos que fue un slogan de impacto publicitario, cierto es que su objetivo es la reducción del flagelo a sus mínimos posibles.- Sin embargo, no sólo no redujo, sino que los índices de pobreza e indigencia se incrementaron durante su gobierno.-

A partir de un INDEC recompuesto en su calidad técnica y su integridad moral, los números fueron terribles: 32,2% de la población en situación de pobreza (no alcanzan a ganar los valores de la Canasta Básica Total), y 6,3% en indigencia (no llegan a la Canasta Básica Alimentaria).-

La pregunta es: ¿sirvió el estado benefactor, a través de los planes sociales, para disminuir la pobreza? La respuesta es negativa.- Si bien el primer ciclo kirchnerista tuvo un fuerte viento económico mundial de cola, lo que permitió la reducción de los índices de pobreza e indigencia, los cierto es que los mismos comenzaron a subir nuevamente a partir de mediados de la primer presidencia de Cristina

Según el Barómetro de la Deuda Social de la Universidad Católica Argentina (UCA), en 2014 el índice de pobreza se elevaba al 27 % de la población, y en 2015 al 29%.- Finalmente Macri, en 2016, pasó de la promesa de "pobreza cero" a una real (ya con mediciones INDEC) de 32,6%.-

Lo relevante es que el aumento de la pobreza y de la indigencia, convive con el incremento progresivo de los habitantes incluidos en los planes de ayuda social, de 500.000 personas con el Plan Alimentario Nacional de Alfonsín, a 2.200.000 personas con el Plan Jefes de Hogar de Duhalde, 8.000.000 con la Asignación por Hijo de Cristina, que Macri extendió a 9.000.000.- Hay más 60 tipos de planes, con más de 19.000.000 de beneficiarios (muchas personas tienen varios).- El experto, Daniel Arroyo, ex funcionario de los gobiernos de Kirchner y Scioli, manifestó que *los planes sociales son una solución agotada en la Argentina*.-

El estado benefactor es el regazo ideal para la democracia idiota.-

El combate principal, es llevado adelante por dos voluntades o pretensiones absolutamente diferentes, aunque no necesariamente contrapuestas, cuales son: el "voto alimentario" en un rincón y el "voto libertario" en el otro, sin que la nominación tenga características discriminatorias.-

Describo esta estación de la democracia nacional, cómo la del voto "clasista", porque el primero se adopta en función de las necesidades más elementales de los sectores carecientes, alimentación y vestido, en las que mantener el "plan" resulta casi vital para la persona.-

El segundo, es propio de aquéllos que, si bien pueden no nadar en la abundancia, su subsistencia no está atada a las políticas asistenciales, por lo que sus requerimientos están más relacionados con reclamos de mayores libertades ciudadanas, mejor democracia, menos autoritarismo.-

Mal que les pese a quienes desean buscar elementos más sofisticados de definición, en 2015 una disyunción del sufragio en función de la clase social de pertenencia.- Las personas en estado de pobreza votaron al Frente para la Victoria y los de clase media a la oposición (obviamente estamos hablando en la generalidad).-

Es que el ser humano posee un instinto de preservación que es primario, elemental, básico.- ¿Hubiera sido probable que los beneficiarios de planes sociales, en su gran mayoría, votarían a alguien distinto? No.- Resultaba lógico que para preservar sus beneficios, la preferencia descansaría en el heredero de los mentores originales del subsidio social (Scioli), aun cuando las promesas opositoras les auguraban el mantenimiento del mismo (Macri, Massa).-

Del otro lado, la pregunta era la misma y la respuesta idéntica: los "caceroleros" reales o virtuales, como representantes de una clase media que protagonizó todas las quejas y marchas contra el régimen, con reclamos más sofisticados, aunque no menos necesarios, de seguridad, división de poderes, libertades cívicas, iban a preferir a los candidatos opositores.-

De la incidencia relativa de las pesas de cada clase social en la balanza electoral, dependería que el fiel se inclinara para uno u otro lado, y era eso lo que determinó finalmente los números crudos.-

La democracia idiota de Macri

Inicialmente expresé que, tanto los Kirchner como Macri, presidieron democracias idiota, y que la masa crítica de ambos fue la que las diferenciaba.-

Por un lado, la común de los populismos, la gente que se maneja movidos por la necesidad más cruda, que muchas veces no tiene más remedio que recurrir al auxilio interesado de la política para poder subsistir.- El estado, el sistema, los gobernantes, no brindan las condiciones necesarias para que existan las fuentes laborales, que son las únicas que le confieren dignidad al ser humano.-

Ese estado de cosas, genera en la comunidad necesitada un modo de comportamiento que es aprovechado por la política populista para convertirlos en el "insumo" crítico de su democracia idiota.-

Ahora bien, porque la democracia idiota continúa en el gobierno macrista, ¿es la misma que en tiempo de los Kirchner?

Ha cambiado, porque ha cambiado su "masa crítica", pasó de la clase necesitada, a la clase media.- El instrumento no fue ya el seguidismo por una necesidad alimentaria, sino el desentendimiento de lo público por una "normalización" del sistema, es decir fue un volver a las fuentes de la democracia liberal.-

Los "caceroleros" que protestan en el centro porteño, la multiplicación de los reclamos por mayor seguridad, el repudio permanente por el estilo teatralista y hegemónico de la entonces Presidente, generó en los sectores medios de la sociedad argentina un comportamiento que la llevó a las calles-.-

Pero esa protestas masivas del tercer lustro

del siglo, no tenían un concepto ontológico de un "revolucionarismo" militante de la burguesía, antes bien un modo de reacción ante un ataque frontal a un modelo de sociedad que se veía desbordada por el descontrol, el piqueterismo, la inseguridad, la corrupción gigantesca, la impunidad, el copamiento de las instituciones, el no funcionamiento de la república.-

Pero si bien la clase media de la sociedad capitalista suele ser el motor principal de su funcionamiento, según mi criterio, no es la materia lógica de una democracia activa y participativa, teniendo en cuenta que sus condicionantes proactivos se terminan cuando concluyen las cuestiones por las que se siente amenazada.-

Por ello, como dije, el interés genético de la participación democrática no ha tenido su desarrollo cualitativo en la democracia argentina, antes bien constituyó un interés reaccionario ante un populismo creciente y amenazante.-

De allí que, el concepto griego del "idiota" se reactualiza con un mensaje oficialista que desvaloriza la política como modo de representar el interés común, y la participación democrática como indispensable para construir ciudadanía.-

Pasada la amenaza populista, la masa crítica del idiotismo democrático de estos días parece decir que los asuntos públicos deben quedar en manos de los elegidos para ello, como diría Dante Palma[36] del "idiota" elegido por los "idiotas".-

El idiota de clase media, tiene la ilusión de que quejarse por internet es hacer militancia democrática.-

En la medida que la clase media no se sienta amenazada, prefiere desligarse de los asuntos públicos, dedicarse a lo que cree suyo, el ámbito privado, dando muestras contundentes de una concepción opuesta a la de la democracia antigua.-

La confusión entre la concepción de un estado invasor de los asuntos privados y la no preocupación por los asuntos públicos, sin dudas ha llevado al escepticismo moral en la democracia, la desvalorización de la política, la arrogancia crítica de los idiotas privados, el desgaste de la relación representantes-representados.-

El malestar de la democracia

El filósofo italiano Carlos Galli, en su libro *"El malestar de la democracia*, analiza la existencia de una desazón hacia la democracia.- Por un lado, en el plano subjetivo, del sujeto considerado como "ciudadano", que se manifiesta como "desafecto", una indiferencia cotidiana hacia la misma, una aceptación pasiva y acrítica, una mirada resignada.- Por el otro, en el marco objetivo, que nace de la comprobada inadecuación de la propia democracia, de sus instituciones, para mantener sus propias promesas, estar a la altura de sus fines.-

Ello ha llevado al sociólogo alemán Ulrich Beck, a considerar que *"la democracia es la religión del pasado. Continuamos practicándola el domingo y en Navidad bajo el árbol de la urna electoral. Pero ya pocos creen en ella. Es el dios muerto de la modernidad temprana, que todavía sobrevive. El cosmopolitismo secularizado conserva una fe ya débil en los santos sacramentos de la democracia"*

Es que la democracia, que tuviera sus orígenes en la Grecia ateniense, comenzara su desarrollo teórico y filosófico luego del Renacimiento, adquiriera chapa mayoritaria en la segunda parte del siglo XIX y primera del XX, tiene hoy un decantamiento de orden global, que confiere espacio conceptual para analizarla en perspectiva en su evidente decadencia.-

En la Argentina, la nueva democracia va a cumplir 35 años de vida, ya ha transcurrido suficiente tiempo en mayoría de edad, y tenemos sucesos y vivencias experimentadas, para comprobarla en la metodología de prueba y error.-

Sabemos hasta dónde ha otorgado los resultados que esperábamos, conocemos sus virtudes, pero fundamentalmente conocemos sus carencias, carencias que son las propias de nosotros mismos, los "ciudadanos", y que son también, y fundamentalmente, de los "operadores" del sistema, la elite gobernante, aquélla integrada por lo que comúnmente llamamos la "clase política".-

Siguiéndolo a Galli, en nuestro país podemos afirmar también que existe un "malestar" de la democracia, hay mucho que computar en el haber, pero también se engrosa la lista del debe, aquello que la democracia no supo darnos, o más propiamente aquello que nosotros mismos no supimos darle a ella, para hacerla mejor, más eficaz, y más valiosa.- En definitiva, somos los hombres los que enriquecemos o envilecemos los sistemas.-

Recordemos que cuando se daba su segundo alumbramiento, luego de los años de plomo, un exultante candidato a la Presidencia, nos hacía vibrar con su recordado discurso en el estadio de Ferro, el 30 de setiembre de 1983, al decirnos *"Cada uno ha entendido que con la democracia no sólo se vota; con la democracia se come, se cura, se educa"*.- El pueblo argentino no la quería sólo para votar, quería la democracia para vivir, lo que no es poca diferencia.-

Pero ese entusiasmo desbordante de los ochenta, se ha trocado por un presente de indiferencia o apatía hacia el ejercicio acabado de nuestra condición de "ciudadano", y a la par de una multiplicación de la impericia y la corruptela en los que ejercitan nuestra representación.-

Llegan los momentos de elecciones y con ellas el tiempo propicio para la reflexión.- Dejar un instante de lado las preocupaciones cotidianas, y poner la cabeza en el destino común, en el marco que nos encuadra, en el sistema que nos condiciona, que es la política, es el gobierno, son nuestros representantes.-

En orden de gradación, para gran parte del pueblo argentino la democracia y las elecciones no están en los primeros lugares del listado de sus prioridades.- No obstante es el sistema que instintivamente sigue prefiriendo por encima de cualquiera, pero obviamente quiere mejorar su propia suerte, con más trabajo, mejores ingresos, y paralelamente desea mandatarios más eficientes, más honestos, más dignos.-

Lamentablemente, hasta que no encontremos el punto en que confluyan periódicamente el interés del mandante y la rendición de cuentas del mandatario, los espacios sociales de interacción democrática, el ejercicio activo de la ciudadanía y su correlativo institucional, serán sólo los momentos de la emisión del voto los que nos servirán para participar y sentirnos coprotagonistas de la elaboración de nuestro propio destino.-

Es por ello que, al votar, no debemos regalar nuestra voluntad, nuestras pretensiones, nuestros sueños, nuestras esperanzas.- Tenemos la obligación de dirigir nuestro voto hacia aquello que creemos cómo más idóneo para alcanzar nuestros fines individuales y sociales.-

Si queremos un funcionamiento institucional acorde a este gran país, repudiemos la falta de independencia de los poderes, no le hagamos el caldo gordo a la conformación de un Congreso "sale con fritas" ni a una justicia con la venda caída.- No votemos por representantes que no vayan nunca a ocupar sus bancas legislativas, o que ostenten el triste récord sudamericano de menor cantidad de sesiones.-

Si queremos a la democracia, si pensamos que el sistema republicano es el adecuado para nuestro gobierno, no nos resignemos a aceptar que para obtener seguridad económica tengamos que entregar parte de nuestra libertad, de nuestra dignidad, de nuestros derechos.- Se puede prosperar, tener una vida que merezca ser vivida, aún en el marco del estado de derecho, sin líderes mesiánicos que se atribuyan poderes especiales para solucionarnos los problemas.-

Si queremos seguir viviendo en el lugar en que nacimos, si queremos que nuestra tierra natal nos retenga y no tengamos que emigrar para conseguir trabajo y mejores condiciones de vida, votemos por quiénes van a defender nuestros derechos más allá del discurso, reclamemos por un modelo de país federal más justo e inclusivo, que incorpore al norte pobre y olvidado a los beneficios de las actividades generadoras de riqueza, no le hagamos el caldo gordo a quiénes se presentan como meros delegados de personas y poderes centralizados, exijamos más derechos y menos dádivas.-

Si queremos que Argentina se incorpore definitivamente al concierto de los países progresistas, exijamos un proyecto serio y realista, dirigido a mejorar la calidad de nuestra educación.- Ésta se recuperará en la medida que dejemos de lado las consignas demagógicas y se repongan la disciplina en el estudio, la mejora en la docencia, y la reinstalación de los parámetros de la escuela pública, que la hicieron en un tiempo ejemplo en las naciones del orbe.-

Salud, seguridad, trabajo digno, son también cuentas pendientes que la democracia debe saldar, en un camino que nunca termina, que siempre nos tendrá en tránsito, pero con la seguridad de saber que tenemos postas que nos indicarán si estamos estancados o vamos avanzando, progresando, en marcha.-

Ciertamente que los ciudadanos tenemos cuentas pendientes con la democracia, somos sus deudores, le debemos participación, interés por la cosa pública, conocimiento de la labor de nuestros representantes, propósito de controlarlos, consistencia y responsabilidad a la hora de elegirlos.-

La elite gobernante, ese exclusivo club de personas que administran, gobiernan, legislan, juzgan, en nuestro nombre y representación, ese reducido número de argentinos que a través del tiempo se viene manteniendo en el candelero político, esos persistentes personajes que no ceden un milímetro de su espacio y trascienden a los tiempos cronológicos, esos mismos tienen un debe mucho más grande con la democracia, y Ud. lo sabe y los conoce.-

Repitamos, entonces, con el célebre chascomusense, que *"con la democracia se come, se cura y se educa"*, pero no olvidemos que primero se vota, y que el deber elemental que tenemos los ciudadanos es votar por más y mejor democracia, que significa que debemos que darle a nuestro sufragio el significado más noble e importante, escogiendo aquéllos representantes que tengan las mejores propuestas pero también las mejores posibilidades de cumplir con sus promesas.-

C A P I T U L O   V I I I

LA POLÍTICA IDIOTA

"Un idiota es un idiota, dos idiotas son dos idiotas,

diez mil idiotas son un partido político"

Franz Kafka

La realpolitik

Hipótesis.- Reunido con su gabinete, el mandatario analiza la grave problemática de la pobreza en el distrito que le toca gobernar.- Tiene dos caminos: el uno, diseñar políticas que ensanchen la base económica, generen empleo y permitan a cada quien ganarse el pan con el sudor de su frente; el otro, registrar a los necesitados, y mensualmente entregarles subsidios, bienes, alimentos, con dineros del estado.- El primer camino es el de la política, el segundo el de la "realpolitik".-

La política tiene una base esencialmente ética, es una actividad dirigida al bien común, a la solución de los problemas colectivos e individuales de la vida en sociedad, tiene la misión de dignificar la vida, otorgando a la persona la posibilidad de desarrollarse en función del propio esfuerzo.- El cumplimiento de principios morales y legales es de su esencialidad, su guía es el deber ser, la utopía su karma.-

La "realpolitik" (en alemán, "realismo político"), constituye la contracara, es la hermana mala, aunque comparte con la política el objeto de organización y gobierno de la sociedad civil, instrumentalmente no responde a los principios de la moral, no le interesa la base ética, es esencialmente utilitaria.- La eficiencia como principio, el pragmatismo como método.- "La ley del más fuerte" suena como factor de su dinamismo, "la ética de la jungla" su componente inmanente.-

En este mundo tan complejo, ante los sucesos cotidianos nos preguntamos permanentemente, con cada medida que toman, a qué distancia están nuestros gobernantes del idealismo político y a qué distancia del realismo político, cumplen sus acciones con los requerimientos éticos de igualdad, justicia, equidad, o sus conductas están más apuntadas a salvar las situaciones aunque en el camino se sacrifiquen los principios.-

Inventariando situaciones, nos remontamos a la ONU cómo organización para intervenir en la solución de conflictos de carácter internacional, jaqueada de manera constante por los intereses individuales de los estados miembros, que adoptan conductas fuera del marco del órgano mundial.- La "realpolitik" de Rusia de anexar una parte de Ucrania (Crimea) con el resultado de un simple referéndum local, o de Estados Unidos con su doble rasero de repudiar el mecanismo, pero callar cuando en situación similar (no idéntica) los "kelpers" votan por pertenecer a Gran Bretaña.-

Es que, desde hace mucho tiempo, tal vez con la antigüedad del primer intento gregario del ser humano, las relaciones internacionales y las internas de una nación, están más cercanas al pragmatismo de los resultados que al respeto de las reglas.- Normas y principios morales, constituciones, leyes, reglamentaciones, hay muchos, pero a la hora de las decisiones, casi es normal que prevalezca la teoría del interés.-

El discurso político que escuchamos hasta el cansancio, indica que se gobierna con equidad, dirigiendo la protección estatal al más débil, sin embargo la "realpolitik" marca una realidad distinta, porque el costo inflacionario no lo paga el empresario sino el consumidor y el asalariado, que tienen que hacer frente a los incrementos de precios con salarios depreciados.-

Todos somos iguales ante la ley dice la norma, pero la "realpolitik" nos determina que hay argentinos de primera y argentinos de segunda, entre éstos últimos estamos los de la parte superior del mapa, los que debemos pagar la luz, los combustibles, el gas, más caros, o tener salarios de hambre para que cierren las cuentas, o ser el mal ejemplo en materia de mortalidad infantil, pobreza, indigencia, mientras en otros ámbitos se reparten los dineros que nos privan a nosotros.-

Si hoy matan un amigo o un familiar o a cualquiera persona, para robarle, si el narcotráfico se incrementa en su penetración social, si la inseguridad es el tema más sensible para los argentinos, la respuesta política debería ser la coordinación y el debate social en torno a actividades de prevención, normas de represión y una reconversión cualitativa de la protección legal de la sociedad por sobre el delincuente.-

En cambio, la política real ha desconocido el problema, con la perversión metodológica de convertir en inexistente todo aquello de lo que no se habla, hasta que el problema se desploma sobre la humanidad de una sociedad inerme, que reacciona con fiereza e irraccionalidad.- Atacar la inseguridad, el narcotráfico, la desprotección social, con proyectos inconsultos (cómo el del nuevo Código Penal), que aparentemente relajan la pretensión punitiva del estado en su rol de protector de los ciudadanos, es propio de la "realpolitik".-

Si la política debe posibilitar créditos baratos a sectores necesitados de vivienda, la "realpolitik" no duda en utilizar la suba astronómica de las tasas bancarias para frenar el dólar, aunque en el camino arrase con la posibilidad de acceder a un crédito hipotecario razonable o condene a los deudores de los últimos años a pagar cuotas altísimas por sus créditos a tasas variables.-

Si los jueces deben ser el ideal del comportamiento público y privado, en función del poder que ostentan y de la trascendente misión social que cumplen, la política de las realidades nos demostrarán que suspendemos a funcionarios judiciales por exceso de celo en el ejercicio de sus labores (Campagnoli) y construimos un muro inexpugnable alrededor de magistrados gravemente cuestionados por su inconducta dentro y fuera de la función (Oyarbide).-

Si los derechos humanos no tienen época ni rótulo político, la "realpolitik" flaco favor les hace a la justicia y al humanismo, al implantar un muro divisorio entre los actuales y los del pretérito setentista.- Dónde la realidad de los hechos no diferencian, Videla y Milani, la política de "amigos" si sabe diferenciar.-

Si por imperio del sistema métrico decimal, es más corta la distancia desde la Rosada hasta la Catedral metropolitana, la política de los pragmatismos y las conveniencias no pueden convertir, con hipocresía, en trayecto más corto el que existe hasta la residencia de Santa Marta en el Vaticano, o transformar el rojo enemigo del cardenalicio arzobispo, en el blanco color del compañero papa.- Reemplazar la profundidad de los valores católicos, por un "peregrinaje continuo" al Vaticano, es producto de la liviandad alarmante con que el "jet set" político y social argentino convierte los temas serios en vacuos asuntos de figuración.-

Gobernar es difícil, mucho más hacerlo con normas y principios éticos y con congruencia de conductas.- No obstante, habría que pedirles a los encumbrados que acerquen un poco más la "realpolitik" a la política, significará ello acercarse más a los verdaderos intereses sociales.-

La política posfactual

A Hitler no le importaron los hechos.- Inoculó a los teutones con emociones intensas, relacionadas con locos ideales de superioridad racial, sobre las cuales montó la más formidable maquinaria de mentiras y de muerte.-

El pueblo alemán le creyó al cabo austríaco, no se preocupó en averiguar los hechos, se sintió convocado por un discurso incendiario y la propaganda oficial.- El *"miente, miente, que algo quedará"* del Ministro Propaganda nazi Joseph Goebbels, hizo el resto para crear una atmósfera irreal y fantasmagórica.-

Pasaron ochenta años y en el mundo se reeditan algunos patrones de un período en que las comunicaciones eran casi primitivas, comparadas con esta época de internet, tecnología y redes sociales, en el que el conocimiento humano se duplica cada doce meses.-

Los tiempos que transcurrimos se conocen como *"era post factual"*, o de la post verdad, dónde la importancia de lo real y de la evidencias en la información que consumimos diariamente, es cada vez menor.- No nos importan los hechos, sino las teorías o discursos que coinciden con nuestros sentimientos, lo que en psicología se ha dado en llamar *"sesgos confirmatorios"*.-

La base de este *"realismo emocional"* es que nuestras certezas no están construidas sobre los hechos tal cual suceden, sino sobre la percepción que cada uno tenga de ellos.- Entonces, nada mejor que trabajar sobre las emociones de los seres humanos para disolver su capacidad de razonamiento.-

En los tiempos que corren, la actividad que tal vez esté más impregnada de *"sesgos post factuales"*, sea la actividad política, y en especial las campañas electorales.- Donald Trump y el Brexit, fueron los campeones de ello, no importaron los razones, los números, los hechos; la clave fueron las emociones que generaban en el público, aún con mentiras y medias verdades.-

El sitio de verificación de datos (*fact cheking*) del *The Washington Post*, le otorgó a Trump la calificación máxima en la escala de deshonestidad –cuatro Pinochos-, ya que alrededor del 65% de sus declaraciones fueron comprobadas como totalmente falsas.- Sin embargo, así y todo ganó las elecciones, porque la sociedad se desinteresa de los hechos y de las verdades, tiende a creer que lo que siente está bien.-

Los seres humanos preferimos, muchas veces, manejarnos con la post verdad y no con la verdad, con los sentimientos y no con los acontecimientos, con aquello que coincide con nuestra manera de ver las cosas y no con la contundencia de los números.-

Es difícil convivir con la realidad, porque no es buena ni mala, lo que no tiene es remedio; y ante lo irremediable, queremos una voz que nos tamice el descarnado escenario, para hacer más fácil nuestra existencia, aunque al final aparezca la verdad con todas sus consecuencias.-

La Argentina del siglo XXI, estuvo preñada de post verdad, de relato manufacturado, de simulación, de apariencia, de hipocresía, de exageración, de explotación de los sentimientos en detrimento de los hechos.-

De tal modo, fuimos construyendo el mundo de la post moralidad, que al decir de Miguel Wiñazki es *"la administración inteligente de la hipocresía"*; de la post justicia, calificada por Tato Young como *"la administración inteligente de los tiempos políticos"*; de la post política, que podríamos calificar como *"administración inteligente de los sentimientos sociales"*.-

Deberíamos preguntarnos si la eticidad de las conductas, para la sociedad, se coteja con patrones morales.- Si no es así, la honestidad pasaría a ser una mera cuestión de oportunidad y no de valores como debería.- La post moralidad es hacer pivotear los juicios éticos sobre la identidad de los protagonistas y no sobre sus virtudes y defectos.-

Cristina Kirchner ha sido una administradora eficaz de los tiempos sociales, de los relatos fabricados, de las fantasías populistas.- Pero no deja de ser ejemplo contundente de la post verdad, porque su conducta no resiste el archivo de los sucesos.-

Maldonado es un detenido desaparecido, no importa que se haya encontrado su cuerpo y que la junta de peritos haya dictaminado que falleció ahogado, sin que se haya ejercido violencia alguna sobre el cuerpo.-

Tampoco a la izquierda le importan los hechos, le conviene la post verdad, las emociones que generan un mártir en su "imaginario" y la palanca política que les resulta, para acusar al gobierno de represor, aunque nada sea cierto en el campo de la realidad.-

Nuestra justicia también ha sido porfiada cultora de la tesis post factual por encima de las certezas.- Supo administrar el tiempo de la investigación de delitos en la función pública, de los procesamientos, de las detenciones, de las juicios, de las sentencias.- Cuando no había opción, el tiempo fue una opción, con las causas juntando polvo en los cajones.- Saber esperar es de sabios, razonaban (también de pillos).-

La justicia le dijo a la política, tal como el dicho afgano, *"Uds. tendrán los relojes, nosotros tenemos el tiempo"*, y el tiempo, que no es neutro, creó la oportunidad y la justicia oportunista la tomó.-

En la etapa de la post verdad, los mismos jueces de lentitud exasperante, se convirtieron en prestos bomberos que apagaban los fuegos de una sociedad descreída, sin dar explicación alguna de su doble velocidad.- No administraban justicia, administraban los tiempos.-

Caer una y otra vez en la trampa que nos tienden aquéllos que exacerban nuestras emociones, constituye verdaderamente la tragedia de la era post factual.- Intelectualmente, estamos padeciendo una aguda falta de pensamiento crítico, de imparcialidad, de debate, nos estamos cocinando en el caldero de nuestras propias pasiones, atizados por el fuego de los oportunistas.- Y no nos damos cuenta.-

La comodidad de las ideas "predigeridas" que nos presenta internet, las redes sociales y el gigante Google, nos ha convertido en "haraganes intelectuales", incapaces de tomarnos el trabajo de confrontar ideas. Es más fácil prendernos al "me gusta" de aquello que coincide con mis sentimientos, que hacer funcionar el intelecto en la ardua tarea de razonar.-

No es sólo la Argentina, es el mundo.- Son millones y millones de personas que comienzan a uniformar sus opiniones en función de la segmentación que la propia tecnología hace de la información, conduciéndonos al extremo pernicioso de la masificación acrítica.-

Los hechos no importan, importa lo que yo creo.-

El marketing electoral y el vaciamiento de la política

El cuento de Rodríguez es paradigmático: *"Es de noche. Rodríguez atraviesa el campo, cabalgando. El diablo, de poncho rojo, también cabalga. Y empareja su caballo con el de Rodríguez. El diablo le ofrece maravillas al otro jinete. Promete cumplir todos sus deseos. Pone a su disposición mujeres, oro y poder. Y muestra sus propios poderes para impresionarlo: cambia el color de su caballo de negro a blanco, transforma en víbora la rama de un árbol, enciende el cigarro de Rodríguez con una llama que hace brotar de sus dedos y finalmente convierte su caballo primero en un toro y luego en un pez."*

"Pero no logra seducir a Rodríguez. No lo convence. Ni siquiera lo conmueve. Rodríguez sigue adelante. Cabalgando. Imperturbable. Indiferente. Hasta que el diablo pierde definitivamente la calma.
-¡Te vas a la puta que te parió! -lo insulta y rápidamente se pierde de vista.
Y Rodríguez sigue cabalgando. Como si nada hubiera pasado. En su mundo. Absorto." (Cuento del uruguayo Francisco Espínola, mencionado en el blog Maquiavelo&Freud).-

Rodríguez (el votante), no se deja impresionar por la magia del diablo (el candidato).- En cierto modo, en la campaña política se repite la figura, la multitud de Rodríguez envueltos en sus propios problemas, que no escuchan a los diablos que les hablan en chino.-

Para que Rodríguez escuche, nació el *marketing electoral.-*   Con el tiempo se van produciendo transformaciones sin que nos demos cuenta.- Cambia el comportamiento social, cambian los seres humanos en su relación con el mundo, y, obviamente cambia la política.- Tal vez racionalmente nos lleva más tiempo darnos cuenta, pero en los hechos, aquello que antes daba resultados, hoy no sirve.-

Preguntémonos: en la televisión argentina de la actualidad, ¿qué programa tiene más rating, uno en el que se traten temas profundos u otro en el que se comenten banalidades? Diez a uno que el segundo gana fácil.-

¿Esto es atribuible exclusivamente a la televisión? No, también al televidente que lo requiere.- Pues bien, la banalización de la política es culpa de los políticos, pero también del electorado.-

Hoy por hoy, las campañas políticas están construidas a partir de sonidos e imágenes, no de propuestas e ideas.- El cantito pegadizo, la amplia sonrisa, la palmada en el hombro, el chico levantado en brazos, tiene mucho más poder comunicacional que una propuesta concreta sobre un tema específico.-

De allí que para un político en campaña, para un partido político, es más útil un experto en marketing que un ideólogo, un licenciado en psicología que uno en ciencias políticas.- Así como los ciudadanos son un 5% de razones y 95% de emociones, los partidos se adaptan con un 5% de ideas y un 95% de propaganda.-

La política no ofrece alternativas para enriquecer la democracia.- Como en la televisión, busca rating, es decir votos, y para ello no necesita de muchas ideas.-

Pero el tránsito del sistema democrático hacia metodologías más utilitarias que ideológicas, tiene que ver con la propia esencia de la personalidad del votante, pensado hoy, por la moderna teoría de la comunicación política, como conejillos de india a los que hay que manipular de conformidad a la disección de sus mecanismos de comportamiento.-

Cuando el experto Daniel Eskibel nos dice que las elecciones "se ganan o se pierden en el cerebro del votante", no se está refiriendo al votante como un sujeto racional exclusivo, sino a su complejidad, en la que –conforme a la psicología– la personalidad está constituida por un 5% de pensamientos racionales conscientes y un 95% de mecanismos mentales inconscientes e irracionales.-

De tal modo, para decidir su voto, en la persona interactúan, en distinta proporción, su primer cerebro (inteligencia, imaginación, creatividad), con su segundo (emociones, sentimientos, impulsos) y su tercero (el más primitivo, asociado con las jerarquías, la violencia, el dominio territorial).-

El votante no es el dueño infalible y absoluto de su voto, existen técnicas para ganar voluntades electorales a través de instrumentos que tienen que ver con el lado no consciente del ser humano, y si nos mostramos absolutamente ignorantes de ello, agrandaremos las áreas manipulables de nuestro cerebro en desmedro de aquéllas que tienen que ver con la voluntad racional.-

El transcurso del sistema y la práctica democrática, así como ha producido resultados involutivos en algunas áreas, ha sido positivo en otras.- Una de ellas es la disminución de lo que da en llamarse el "voto cautivo", ese voto por la camiseta que no diferencia la calidad de las propuestas, la preparación de los candidatos, la trayectoria de los partidos.-

No obstante, ni las personas de mayor preparación intelectual han podido escapar totalmente al juego de las emociones por encima de las razones.- No existe el voto racional puro, también es el resultado de un proceso sociocultural y político, refleja el pasado el presente y el futuro del votante, forma parte de un mecanismo heurístico, "cada quien actúa como le ha ido en la feria".-

las predilecciones políticas no son producto exclusivo de procesos racionales y lógicos, sino vinculados a desarrollos inconscientes, conocidos como "sesgos confirmatorios", que tienen una relación directa con las emociones y no con la razón.- La mente humana busca y encuentra evidencia que apoya su creencia, o reinterpreta aquello que no es congruente con el propio sesgo.-

El "marketing político" no es nuevo por ello mismo.- En el año 53 A.C., Quintus Cicerón escribió el primer libro al respecto, intitulado "Puntuario Electoral", con consejos y recomendaciones a su hermano Marco Tulio Cicerón, que se postulaba al Consulado Romano.-

Los sofistas de ayer son los marketineros de hoy

Hay que preguntarse si la política, la campaña electoral, tienen algún costado profundo que se relaciona con las ideas y el pensamiento racional, o sólo son imágenes, propaganda y engaño.-

En la Grecia Antigua, a falta de televisión, cartelería e internet, estaban los sofistas, que eran maestros en la retórica, enseñaban a convencer, sin preocuparse de la verdad objetiva.-

Si el interlocutor se convencía con los argumentos, entonces estaba bien, independientemente si éstos respondían o no a falsedades, medias verdades o enteras mentiras.-

A la *retórica* se oponía la *parresía* que tenía como objetivo despertar al interlocutor, aún a costa de la dureza de las verdades.-

La política de hoy, las campañas electorales, ¿tienen como protagonistas a sofistas que practican la retórica, o se guían por pensadores que exhiben la parresía?

Un proceso electoral tiene dos protagonistas centrales: por un lado el candidato, por el otro el elector, y un tercer elemento que obra como hilo conductor entre ambos: la campaña electoral.-

El candidato necesita hacerse conocer para aspirar al voto, el elector necesita conocer a los candidatos para seleccionar su voto. Afinando aún más el análisis, diremos que el candidato necesita hacer conocer sus propuestas para solucionar los problemas de la comunidad a la que aspira representar, los ciudadanos necesitan conocer dichas propuestas con el fin ya expuesto.-

Esto último, lo de las propuestas, resulta apenas una disquisición teórica sin pretensiones de una comprobación fáctica, mucho me temo que gran parte de los candidatos, sobre todo en las legislativas, carecen total o parcialmente de propuestas que exhibir, y a gran parte del electorado le importa poco o nada conocerlas.- Es parte de la desculturización de la política.-

Sea como fuere, es la campaña electoral el elemento sustancial que debiera amalgamar temporalmente la suerte y la relación entre los dos protagonistas centrales de la pieza teatral que, inexorablemente, debe representarse periódicamente en una democracia: la elección.-

Y en este punto que debemos decir que la propaganda electoral debiera ser el complemento de los candidatos y sus propuestas políticas y no la protagonista central.-

Es en el tiempo electoral, de tal manera, que la actividad política -hecha de ideología, principios, partidos, personas, acción- debe ser complementada por el "marketing electoral" –imágenes, colores, sensaciones, emociones y un pequeño espacio, cada mes más pequeño, para la razón-, que de modo rudimentario o elaborado en grado sumo, intenta traducir de manera atractiva la propuesta de la política.-

El marketing, que superficialmente definido es la estrategia para "vender" el candidato y su propuesta, tiene un conjunto de herramientas que la tecnología ha enriquecido de manera geométrica, construyendo nuevos paradigmas de comunicación que cambiaron de cuajo el relacionamiento interpersonal en todo el planeta.-

Nos estamos refiriendo, obviamente, a la utilización de los instrumentos que suministran la web en general y las redes sociales en particular, que maximizan los resultados comunicacionales y bajan sustancialmente los costos, una manera de democratizar la política (aunque parezca un pleonasmo).-

Una racionalidad elemental indica que las campañas electorales de los partidos, deberían estar dirigidas a destacar las bondades de tal o cual candidato, sus propuestas para el ejercicio de la función pública para la cual se postula, su pensamiento político general, sus antecedentes políticos, laborales, profesionales, su especialidad, etc.-

Ahora bien, si la política es una actividad identificada con la ética, dónde la transparencia y la verdad deben conjugarse sustancialmente en la relación electorado-candidatos, la pregunta es ¿tiene el marketing político la misma exigencia ética? ¿es válido que a través de la propaganda electoral se haga pasar gato por liebre? ¿es legítimo vender una imagen, una propuesta, que en definitiva resulten un engaño para el elector?

Estoy casi seguro, sin ser un especialista, que los expertos en marketing están tan avanzados en sus técnicas, que seguramente manejan elementos y estrategias mediante las cuáles resulte posible construir un "Frankestein" electoral, como creación casi absolutamente artificial, inexistente en la realidad, que logre captar voluntades electorales pero que desaparezca como fuego fatuo a la hora de ejercer la función pública.-

Sin embargo, estimo como refractario a la buena fe y a la ética elemental que debe presidir no sólo la actividad política sino también su marketing, que se construyan campañas sobre la base de la "invisibilización", total o parcial, de quienes verdaderamente deben someterse al voto ciudadano, colocándolos detrás de la figura convocante que tapa la visual de los electores.-

Es cierto que los oficialismos, que normalmente ganan las elecciones, son proclives a mostrar sus logros y figuras ejecutivas, y dar escasa relevancia a sus candidatos a legisladores.-

Es que también ello forma parte de una atávica cultura latinoamericana, dónde la política se construye a través de los ejecutivos, siendo los legisladores apenas un apéndice circunstancial y secundario.- Es la cultura del "decisionismo" por sobre el "deliberacionismo" (valgan los neologismos empleados), que alguna vez hemos dado en llamar una endemia de la democracia: el "ejecutivismo" patológico.-

La inexorable persistencia de la "lista sábana", completa el combo de una democracia cada vez menos republicana.-

Finalmente, la pregunta que deberíamos hacernos es: ¿Me interesa conocer a los candidatos a legislador y a sus propuestas?

Si la respuesta es negativa, vaya a la escuela y cumpla con su obligación electoral de manera mecánica.-

En cambio, si su respuesta es positiva, menudo problema tiene, porque el marketing político no se la hace fácil, invisibilizando a los candidatos y callando sus propuestas (si es que las tienen).-

La política "on line": de los "bots" y de los "trolls"

Un artículo de Pablo Fernández publicado el 13 de noviembre de 2017 en el sitio Chequeado.com, nos confiere una visión global sobre la influencia que la tecnología ejerce sobre la política y sobre los ciudadanos, y cómo se utiliza en la política argentina al más alto nivel.-

Cuando el presidente de la Nación, Mauricio Macri, presentó su nueva plataforma de Gobierno el 30 de octubre último, más de 15 mil cuentas participaron de la conversación en Twitter. En total generaron más de 90 mil mensajes y 10 mil retuits. Pero al menos el 3% de esas cuentas -casi 600 supuestas "personas"- se comportaron como un *bot* haciendo casi el 10% de los tuits totales. Y esos números están lejos de ser una excepción. Si revisamos la red durante el anuncio de la recuperación de la #Nieta125 los porcentajes de cuentas con características automatizadas son similares: 4,5%.

En el debate porteño, que organizó el canal TN el 11 de octubre último, también quedó claro, cómo se ve en las menciones de "Carrió" más adelante, que existen dos polos en la red de Twitter Argentina: uno filomacrista y otro filokirchnerista que concentran gran parte de los mensajes. Ambos tienen cuentas con mensajes extremistas que ayudan aún más a la polarización. El odio, como veremos más adelante, se tornó el combustible de esta red.

Bots, trolls, fakes, influencers y *"call center"*. Todos estos términos que los políticos y los usuarios se tiran por la cabeza parecen intercambiables en el debate, pero no lo son. Son bien diferentes. Desde la campaña que llevó al ex presidente de los Estados Unidos, Barack Obama, a la Casa Blanca en 2008 las redes sociales forman parte de la estrategia que lleva a un candidato a ganar elecciones. Estos diez años también vieron nacer, o reverdecer, estos conceptos.

¿Cómo? Instagram y Facebook son hoy los mejores canales por cantidad de usuarios, mientras que Twitter parece ceder terreno. Pero eso no quita que, a la hora de facturar, sea posible comprar 1000 cuentas piratas en la red del pajarito por apenas 3 dólares. ¿O habría que cotizar en rublos? ¿Cuánto vale e importa ser "tendencia" en una red social por unas horas? ¿Importa realmente, si ser "tendencia" se basa en un castillo de naipes construidos por "bots"?

Vayamos por partes:

¿Qué es un *bot*? Una cuenta en una red social (en general, Twitter) cuya generación de contenido es automatizada. Cuando actúan en conjunto se le suele decir *granja de bots*. Rara vez son influyentes, pero sí ayudan a generar *trending topics* -los temas que Twitter considera "calientes" en cierto momento y destaca en su plataforma- o generan "ruido" acerca de un tema.-

¿Qué es un *troll*? Alguien enfocado en acosar, criticar o antagonizar de manera provocadora y despectiva.-

¿Qué es un *fake*? Son cuentas que se hacen pasar por otra persona, en general alguien reconocido con el fin de generarle seguidores que creen estar siguiendo a la persona real. Esto se hace por entretenimiento, para molestar o para luego poder vender la cuenta a un tercero que le cambia el nombre y se queda con miles de seguidores. Hay especialistas que consideran "fake" también a las cuentas anónimas.-

¿Qué son los *influencers* (pagos o no)? Estas cuentas generan un impacto mucho mayor que las normales, son multiplicadores que ganaron relevancia llevando su prestigio del mundo offline (tv, radio, diarios, deporte, arte, etcétera) al online o directamente se trata de nuevos referentes nacidos en el ya no tan nuevo mundo online (youtubers, bloggers, tuiteros, entre otros).-

¿Cómo hace la política para utilizar ésta estrategia tecnológica de engaño?.- Pablo Fernández, en Chequeado.com nos lo describe paso a paso:

1°) Se define la estrategia. ¿Será una campaña para atacar a alguien? ¿Se hará para hacer "ruido positivo" alrededor de un candidato?

2°) Se compran las cuentas posibles que se quieren usar con valores que empiezan en US$ 3, por mil cuentas. Hay sitios en Rusia que venden estas cuentas. ¿Un ejemplo? BuyAccs.com. La cuenta relacionada con una dirección de mail de Gmail, menos "sospechosa" para Twitter, vale 100 veces más que la que usa una cuenta rusa.-

3°) En la plataforma que utilizan varios clientes se define la estrategia y se "incuban" las cuentas. Esta incubación significa pasar de la cuenta anónima a darle un nombre de usuario, un nombre y apellido, foto, bio, ubicación y, lo más importante, una manera de tuitear que incluye retuitear contenido de terceros.-

4°) Esa "manera" de tuitear se define, por ejemplo, estableciendo que la cuenta "juanperez" tendrá un perfil deportivo e interesado en la política de cierto partido. Entonces la plataforma define que, por caso, retuiteará a ciertos deportistas y periodistas deportivos (que ya tienen predefinidos en una lista en un Excel ad hoc), tomará títulos de medios que cubran esos temas (también predefinidos) y le agregará antes o después una exclamación.-

5°) Tras conectarse a Twitter, a través de una app específica para desarrolladores, esta plataforma puede manejar cientos o miles de cuentas desde una misma pantalla del navegador.-

6°) Tras lanzarse la campaña, esta misma plataforma va brindando reportes sobre el éxito o no de la estrategia.-

Pero, ¿por qué esta estrategia de comunicación poco transparente está pasando de moda entre los asesores de políticos?

Todos los entrevistados para esta nota por Chequeado. com, coincidieron en que Twitter no es el mascarón de proa de una campaña digital política como lo era en 2011 y todavía para algunos en 2015.- Facebook e Instagram, con varios millones de usuarios más que la red de los 140 caracteres en la Argentina, hoy marcan la agenda de qué hacer y qué no hacer. Entonces no por limitaciones éticas sino por simples limitaciones técnicas que hacen mucho más complicado generar ejércitos de bots en Facebook, el contenido automatizado deja de marcar agenda.[37]

Sin embargo, acaba de explotar una nueva forma de intervención de los gigantes de internet, especialmente de la red social *Facebook*, que están provocando un verdadero escándalo mundial y que provocó la caída vertical de la cotización de acciones de la empresa de Mark Zuckemberg.-

Una empresa subsidiaria, Cambridge Analytica, se habría involucrado en las elecciones de Nigeria, Kenya, República Checa e India, como también intervenido ampliamente en la campaña de Donald Trump para la presidencia de los Estados Unidos, y en la votación del Brexit.-

Según denuncia de los periódicos The New York Times y The Guardian, Cambridge Analytica (subsidiaria en E.E.U.U. de SCL Group) habría recopilado y usado datos de 50 millones de usuarios de Facebook para favorecer e influir en las elecciones presidenciales del país del norte y en Gran Bretaña.-

El cerebro del votante

El prestigioso psicólogo y consultor político uruguayo Daniel Eskibel, autor del libro "Maquiavelo&Freud", nos dice que "las elecciones se ganan y se pierden dentro del cerebro del votante, pero ni los políticos ni los consultores ni los publicistas se especializan en conocer cómo funciona ese cerebro y qué hay que hacer para activarlo en la dirección de nuestro candidato".-

En una sociedad consumista e hipercomunicada como la de nuestros tiempos, hay que preguntarse qué incidencia tiene la publicidad explícita o larvada en nuestros comportamientos y en qué medida el mensaje publicitario nos induce a tomar decisiones distintas a lo que la racionalidad nos indica.- No hace falta mucho análisis para concluir que una gran parte de las acciones que tomamos o de los artículos que consumimos, están impuestos por la publicidad, especialmente a través de aquellas técnicas que se ocupan de ingresar al interior del potencial consumidor por el lado del inconsciente.-

El cerebro del ser humano es un órgano complejo.- Los especialistas nos hablan de tres cerebros en uno, como las matrioskas: en el primer cerebro, el más evolucionado, está la inteligencia, la imaginación la creatividad y la vida psicológica más sutil de la persona; el segundo, similar al de los mamíferos, es la base de las emociones, los sentimientos, los impulsos, y tiene su propia lógica de funcionamiento: el tercer cerebro, por último, el más primitivo, asimilado al de un reptil, es el fundamento de las jerarquías, la violencia, el dominio territorial.-

Este dato no ha pasado inadvertido para los que diseñan las campañas electorales, lo cual ha hecho que una moderna estrategia de campaña no apunte ya a conquistar el cerebro racional del ser humano sino su lado inconsciente.-

En los años ochenta, las neurociencias comprobaron que el voto no era producto de una decisión racional, fría, calculada, sino que tenía más que ver con un mecanismo heurístico de la mente humana, es decir con un procedimiento de selección basado en la experiencia: cada quien actúa como le ha ido en la feria.-

Estudios realizados en diversos ámbitos, especialmente en la Universidad de Emory, han indicado que las predilecciones políticas no son producto de procesos racionales y lógicos, sino vinculados a desarrollos inconscientes, conocido como "sesgos confirmatorios", que tienen una relación directa con las emociones y no con la razón.- La mente humana busca y encuentra evidencia que apoya su creencia, o reinterpreta aquello que no es congruente con el propio sesgo.-

La neuróloga y psiquiatra Marlene Oscar Berman cree que aunque los seres humanos sean conscientes de su propia libertad y pensamiento, no deben subestimar del todo la relación entre su comportamiento social o político con la biología de su cuerpo.- En esa línea de pensamiento, investigadores de la Escuela de Medicina de la Universidad de Boston, expresaron que los políticos y medios suelen preocuparse por las cifras de las encuestas, pero que nuevos estudios demuestra que un análisis genético de la población sería más certero para predecir las tendencias electorales.-

Cuesta imaginar, estimado lector, que nuestro comportamiento en las urnas tenga más que ver con nuestro lado inconsciente y no tanto con nuestro análisis racional.- Es cómo admitir que nuestra decisión electoral es fácilmente manipulable a partir de las técnicas de propaganda que influencian sobre nuestro costado emocional.- Lo cierto es que las técnicas del marketing comercial, que sin dudas influencian nuestro comportamiento consumidor, se han trasladado al campo de la estrategia electoral y que habrá que estar prevenidos de ello.- Según algunos, estamos entrando en una época en que no sólo hablaremos de neuromarketing sino de neuropolítica y neuroeconomía.-

Según Eskibel, hay muchos partidos que, con una escasez franciscana en conceptos y estrategia, actúan en

la campaña electoral cómo si el votante no tuviera cerebro.-
Otros, la mayoría, todavía instrumentan las suyas cómo si el
ser humano tuviera un solo cerebro, el racional, haciendo publicidad argumentativa, lógica, racional y olvidando que primero
está la emoción y luego la reflexión, por lo que hay que considerar los tres cerebros que conviven en cada persona.-

Una conclusión lógica nos parecería indicar
que el proceso a través del cual nos formamos una opinión o
realizamos una selección, supone una colaboración entre las
áreas cerebrales de la emoción con las del pensamiento, ambas
se retroalimentan.- Los pensamientos provocan sentimientos,
a su vez la intensidad de éstos determinan la valoración de
aquéllos.- Así, las emociones hostiles que nos conectan con un
candidato que no apoyamos, nos induce a imágenes e ideas negativas del mismo, y viceversa.-

Lo más importante en esta cuestión es adver-
tir que el votante no es el dueño infalible y absoluto de su voto,
que existen técnicas para ganar voluntades electorales a través
de instrumentos que tienen que ver con el lado no consciente
del ser humano, y que si nos mostramos absolutamente ignorantes de ello, agrandaremos las áreas manipulables de nuestro
cerebro en desmedro de aquéllas que tienen que ver con la voluntad racional.-

Así como debemos luchar todos los días para
que la propaganda consumista no nos genere necesidades artificiales que nos lleven a comprar cosas que no necesitamos,
también debemos tener presente que nuestras decisiones electorales pueden llegar a estar condicionadas por un mensaje electoral hábilmente elaborado para influenciar nuestro lado inconsciente y producir una decisión puramente emocional.-

El especialista Daniel Eskibel ha dicho que "las
elecciones se ganan y se pierden dentro del cerebro del votante",

razón de más para seguir su consejo y echar mano al único antídoto que recomienda para la ocasión, el conocimiento, que es la mejor vacuna contra la manipulación.-

Cómo en todas las facetas de nuestra vida, sólo la educación, el conocimiento, el estudio, la preparación, nos hace libres...también a la hora de votar.-

Sobra ambición, falta preparación

"Qué mezquinos esos enanos que practican la política, y que se creen filósofos...¡Qué mocosos!" (Marco Aurelio, Pensamientos, IX,29).-

Si hay algo que cotiza casi permanentemente en baja en la política, ese algo es el pensamiento racional y la capacitación intelectual.- A la hora de la verdad, se anteponen la fidelidad, la "propiedad" de los votos, el punterismo, los parentescos.- Esos ocupan las grillas en los primeros lugares.-

Muy difícilmente quién milite en política y sea reconocido por su capacidad y carácter, vaya a ocupar puestos de relevancia si de las trenzas partidarias o jerarcas políticos depende.-

Resulta alarmante ver como pululan en los puestos electivos, personas que no tienen la mínima preparación para ejercitar la tarea más importante que puede haber en una sociedad: ocuparse de los asuntos públicos como representantes de sus congéneres.-

Sergio Fajardo Valderrama es un político y matemático colombiano, actualmente Gobernador de Antioquía por el Partido Verde.- Fue alcalde de Medellín, la capital del departamento, en el período 2004-2007.- Analistas políticos lo catalogan como "una opción descontaminada y descontaminante" en la política; el diario español El País lo proclamó como "el independiente más independiente de todos".- Durante bastante tiempo orientó sus esfuerzos en el área académica de importantes universidades de Colombia y del mundo.-

Estando en Argentina, una radio lo entrevistaba.- Entre sus interesantes conceptos, dejó esta frase: "el que paga para llegar, llega para robar".- Cualquier similitud con el clientelismo nacional, no es pura coincidencia.-

Sus tres años de alcalde, revolucionaron positivamente la, por entonces, peligrosa ciudad de Medellín.- Violencia, desigualdad social y corrupción fueron los principales problemas que Sergio Fajardo encontró cuando en 2004 llegó a gobernar esa ciudad colombiana, asolada en ese tiempo por el narcotráfico.- Tres años, bibliotecas y libros, fueron la clave para transformar el rostro adusto de la ciudad por un lugar donde la gente busca oportunidades para ser mejor.-

Durante su gobierno, el alcalde Fajardo transformó la comuna gris y peligrosa que el crimen había hecho de Medellín, en la ciudad de la esperanza.- Educación y cultura fueron sus grandes aliadas en esta cruzada.- Fajardo empezó su administración con una consigna: dar lo mejor a los más pobres. Los mejores parques, las más modernas escuelas, bibliotecas, espectáculos. "Les devolvimos la dignidad a un pueblo que antes sólo recibía migajas y encima las agradecía", dijo.-

"Medellín, la más educada", un proyecto urbanístico de desarrollo llevado a cabo durante su gobierno, fue galardonado con el premio City de Barcelona.- La ciudad obtuvo la mejor calificación en la Encuesta de Probidad de Colombia, que mide el grado de corrupción en cada una de las ciudades

De tan sencillo, no parece real.- Fajardo golpeó a la violencia y al narcotráfico con cultura, con bibliotecas en cada lugar, con lectura, con instalaciones educativas modelo en cada barrio.- Ideas simples de un político que se sale del molde.-

Rosario, en cambio, se ha convertido en la capital del narcotráfico argentino.- Hace varios años está gobernada por el socialismo.- En los últimos tiempos, tuvo la colaboración del gobierno nacional para combatir el flagelo.- Más policías, más gendarmes, más represión.- Resultado: casi nada.- Sigue siendo una ciudad peligrosa e invadida por esa lacra que azota el mundo contemporáneo.- Otro tanto sucede en el conurbano bonaerense, en el que la droga y la marginalidad hacen estragos entre la comunidad.-

La pregunta es: ¿cómo Medellín pudo y Buenos Aires y Rosario no? La respuesta está en advertir la diferencia entre, por ejemplo, políticos como Sergio Fajardo Valderrama y políticos como Aníbal Fernández.-

Lo primero que hay que hacer para combatir un problema, es tener la voluntad de hacerlo; lo segundo, tener ideas de cómo hacerlo.- Sin voluntad, hay complicidad; sin ideas, hay ineficacia.- Fajardo tuvo la voluntad de erradicar el narcotráfico, pero también tuvo las ideas para hacerlo.- En los políticos argentinos, primero hay que ver si se tiene la voluntad de hacerlo, para luego ver si existen las ideas.- Creo que en el tema, ni lo uno ni lo otro abundan en nuestro país.-

El objeto de este artículo no es el análisis del componente volitivo de la política, sino de su costado intelectual, de aquello que tiene que ver con la preparación, el estudio, las ideas.-

Aunque a muchos no les parezca, tengo para mí que la política es la actividad más difícil del mundo, porque para hacer bien la tarea se debe tener la capacidad de proyectar soluciones para el conjunto de una comunidad y no solo para un individuo o una familia, cuestiones que tienen que ver con la salud, la seguridad, la educación, la vivienda, la libertad.-

Si para curar, defender, reparar, construir, interpretar, actividades de la vida humana de todos los días, debo tener un talento y capacitación específica que se adquieren con el estudio y la dedicación, ¿por qué razón a la política confluyen en su mayoría personas sin la mínima preparación para encarar los grandes problemas que plantea el gobierno de una comunidad?

¿Es la política y el puesto público el refugio de personas sin talento, sin preparación, sin ideas?

Durante los tiempos de cierre de listas, es conmocionante observar cómo se agolpan y pelean los pretendientes a ocupar un lugar de la grilla.- Si en esos dramáticos momentos, corriera la noticia que a los candidatos se los seleccionará a través de un simple examen con formato de "múltiple choice" acerca de lo que conocen sobre el puesto al que aspiran, y cuáles son sus ideas y proyectos, casi seguramente se contarían con los dedos de una mano los que permanecerían en la fila de postulantes, el resto huiría despavorido.- O tal vez no, porque una enfermedad típicamente idiota es aquélla de no conocer los propios límites.-

Seguramente, en los tiempos de la mediocridad más obscena, el "concurso de ideas" para elegir candidatos a cargos electivos obtendrá el casi unánime rechazo de la comunidad política, por constituir un método antidemocrático.- Elegir a los candidatos por su capacidad, conocimientos, proyectos, inserción comunitaria, es un concepto "facho", que tiende a cerrar los caminos a la "participación popular".-

Los espacios políticos, las candidaturas, los puestos públicos, deben estar abiertos para todos y todas, sólo se les exigirá demostrar previamente que sepan entregar una bolsa de mercadería, una chapa de cartón, ser de sonrisa ancha y de promesa fácil, tener capa y botas de lluvia para las ocasiones especiales, repartir abrazos y alzar chicos con gracia y ductilidad.-

La degradación de la política puede verse en la juventud, cada vez menos preparada y más ambiciosa para ocupar cargos.- Es que no pueden ser distintos si nos toman a los mayores como ejemplo.- El entusiasmo por las ideas ha sido reemplazado por la urgencia del puesto público, la preparación y el estudio por la adulonería y la frivolidad.-

Sergio Fajardo Valderrama no es un extraterrestre.- Es una persona preparada, que hizo funcionar un órgano que la política tiene olvidado, el cerebro, para introducir ideas simples y efectivas, que nos reconcilian con aquello que nunca debemos perder: el arte y la pasión de la política, que es trabajar por los demás, pero no de cualquier manera, sino con inventiva e integridad.-

Cierto es que la "tecnocracia" no es una fórmula exitosa para el gobierno de una comunidad, pero la "burrocracia" lo es menos (con el perdón del pobre animal).-

Si siempre hacemos lo mismo, no pretendamos obtener resultados distintos, lo mismo sucede si siempre votamos de la misma manera, no obtendremos políticos diferentes.- El político es el fruto de su comunidad.- Por ello, el cambio debe partir de la misma comunidad, para que el producto sea mejor.-

La palabra como constructora de democracia

"El lenguaje político está diseñado para hacer que las mentiras parezcan verdades, el asesinato respetable, y dar la apariencia de solidez al viento", dijo alguna vez el escritor y periodista británico George Orwel.-

Las palabras, que constituyen un componente

esencial en la cualidad humana de comunicarse, han sido objeto de atención permanente a través de los tiempos, con notorias discordancias respecto a su virtualidad en la evolución de las sociedades y de las relaciones personales.-

Desde quienes le otorgaron al lenguaje el carácter de realidad autónoma, capaz de producir hechos de la vida misma sin dependencia de la sustantividad del objeto o de los hechos que representa, hasta los que opinan que no es realidad postulada por el concepto mismo, es existencia pasajera, accidentalidad externa, opinión, apariencia no esencial, falsedad, engaño, nadie pudo negar su papel existencial desde que el mundo es mundo.-

Sin profundizar particularmente en esta discusión, estimo como posición más adecuada aquélla que la palabra constituye la representación de un concepto, es decir que la palabra es en tanto lo que representa.- *"La formación del concepto está estrechamente ligada a un contexto de experiencia de la propia realidad; de experiencia individual, cultural, social, etc. siendo de especial importancia la referencia al lenguaje sobre todo referido a la propia lengua, pues mediante ella el conocimiento tiene la posibilidad de adquirir una expresión oral como habla o escrita y, por tanto, comunicable; lo que le da al conocimiento una dimensión pública, sociológica y cultural"* (Wikipedia).-

El evangelio según San Juan, nos dice que *"En el principio era la Palabra, y la Palabra estaba en Dios y la Palabra era Dios. Por ella fueron hechas todas las cosas y nada de lo que se hizo existe sin ella"*.- Aun cuando divina, la importancia de la palabra en la creación nos singulariza su vigencia desde los orígenes.-

Vivimos hoy en un mundo hipercomunicado, con una interacción permanente y un flujo de información incesante, en el que las imágenes, los sonidos, las palabras, van y vienen desde las mentes de unos pocos hasta la mente de millones de personas, previo paso por los mecanismos 2.0 que nos ha suministrado la tecnología.-

Todo viene en una cantidad y variedad inclasificable, y la mente humana se ve atiborrada de datos, afirmaciones, estudios, descubrimientos, consejos, cuyo discernimiento resulta extremadamente difícil realizar por el receptor casi pasivo de ese cúmulo de datos que casi agresivamente soportamos sobre nuestra humanidad.-

Con todo, la palabra escrita y hablada no ha mellado su importancia en la vida diaria, antes bien se ha potenciado con las nuevas tecnologías, privilegiando su brevedad e interacción por sobre la extensión y el camino de un solo sentido.-

Paralelamente, también en la política el lenguaje para la comunicación continúa teniendo una ubicación de privilegio, contemplando que democracia, representación, mandatario, mandantes, constituyen conceptos que se construyen a partir del reconocimiento de un vínculo humano, de una relación social, de un hilo conductor que reniega del aislamiento, y que su debilitamiento o fractura supone el debilitamiento o fractura del propio sistema.-

El discurso político en una democracia idiota

El interrogante constante es la poca fiabilidad en la palabra de nuestros representantes políticos, circunstancia que –con honrosas excepciones y en grado variable- sucede en casi todos los gobiernos y en todo el mundo.-

Esta desconfianza, además de ser una condición innata de nuestra categoría humana, adquiere su justificación a partir de un vicio casi propio y natal de la política, cuál es el de desprender el concepto del término, concluyendo con convertir al lenguaje de un político en una catarata de palabras huecas, oportunistas, sin su correlato conceptual y fáctico.-

El desprestigio de la palabra en el ámbito de la política, es una respuesta a la ambigüedad, el desconcepto, la inescrupulosidad y la vacía grandilocuencia con los que términos que representan valores trascendentes para la comunidad se utilizan de manera irresponsable y confusa.-

En la Atenas antigua, la palabra era el instrumento principal de poder, con ella se gobernaba; no era ya la expresión unilateral del gobernante sino el debate contradictorio, la argumentación.-

Ella cobraba sentido con la vigencia de la *isonomía* (igualdad ante la ley) y la *isegoría* (igualdad en el uso de la palabra durante la Asamblea.-

El discernimiento de la condición de sofista o filósofo, estaba precisamente en el sentido de la utilización de la palabra, si medio para convencer o método para decir la verdad (*parresía*).-

Cuánto ha perdido la democracia al renunciar a la palabra como exteriorización del pensamiento, primero porque hubo una renuncia consciente a emplearla en el sentido de la *parresía*, y segundo por su reemplazo por las imágenes.-

Las crudas expresiones del gurú presidencial, bofetean fuertemente el rostro de la democracia, con cinismo indisimulado: *"Son las imágenes y no los programas las que deciden quién gana una elección. Este no es un problema de gustos o de opciones ideológicas. Es irrelevante si a los derechistas les gusta que la gente vote por imágenes y a los izquierdistas que lo hagan por ideologías. Nosotros simplemente tratamos de conocer cómo actúan los electores para tratar de que nuestro cliente gane las elecciones. Para bien o para mal, todas las investigaciones coinciden en que la gente vota por la imagen de los candidatos más que por las doctrinas o propuestas"[38]*

Patria, nación, estado, democracia, república, soberanía, son términos que el universo político mundial ha utilizado como fachada de las más diversas formas de gobernar.- Tanto han servido para representar a gobiernos tolerantes y representativos, cómo también fueron términos comunes en gobiernos totalitarios y autocráticos.-

"Libertad de expresión" es una locución que tiene un significado sustancial inalterable, inconfundible, no fungible.- Sin embargo, en su nombre, tanto kirchneristas como opositores se encuentran en distintas trincheras, combatiendo con ese concepto en astas distintas, como bandera de posiciones irreconciliables.-

"Pagar la deuda externa", que ha sido el mensaje casi permanente de la izquierda nacional como signo del hambre del pueblo y de dependencia al imperialismo, significó luego para el kirchnerismo la consolidación de nuestra soberanía económica y más recursos para los necesitados.-

El neoliberalismo de los 90, cómo construcción política, económica y filosófica del libre mercado como fundamento del progreso de las sociedades y la mínima intervención estatal, hoy se alinea en los salvatajes bancarios por parte del estado para prevenir la quiebra del propio sistema que pergeñaron.- Es que liberal, liberalismo, economía libre, se conceptualizan según el contexto del momento, distorsionando los significados y demostrando las dificultades de la ideología a la hora de posicionarse en la coyuntura a partir, no de la pureza de conceptos sino de la intransigencia como herramienta de acción.-

En realidad, unificar el vocabulario con su representación, utilizar las palabras con un mismo significado conceptual, tiene más que una noción utilitaria o instrumental, un significado moral, ético, de compromiso social, especialmente cuando quienes se expresan no lo hacen por su propio carácter, sino como representantes de otros, quienes le han conferido un mandato y esperan su representantes un lenguaje claro, preciso y sobre todo ajustado a la verdad.-

No se trata de coincidir en las ideas o en los instrumentos para llevarlas a cabo, a cada quien con su propuesta.- Se trata de hacer coincidir las palabras con las intenciones, los pensamientos con los hechos, los conceptos con las convicciones, para que nadie sea llevado a engaño.- Tan simple como eso.-

Políticos al desnudo

Desnudando el discurso político[39] es una muy interesante obra que pone al descubierto las fisuras, las estratagemas y las contradicciones del discurso de los políticos.-

Si a un mundo electoral de imágenes le sumamos un discurso político "sofista", tendremos el combo completo de la poca confiabilidad que el público tiene en sus políticos.-

"El arte de persuadir consiste en agradar y en convencer, los hombres se gobiernan más por el capricho que por la razón" (Blaise Pascal)

La obra que comentamos tiene por objeto inquirir sobre una base ética de la argumentación, lo que significa que no toda metodología discursiva está dentro de una moral democrática.-

El uso y abuso de la falacia en los políticos es tan viejo como la historia.- *"Las falacias son, casi siempre, argumentaciones psicológicamente persuasivas pero definitivamente incorrectas"*[40]

Las falacias pueden ser no intencionales, nadie está libre de incurrir en ellas cuando argumenta, pero el discurso democrático en gran parte está construido sobre un pedestal de falsedades e inconsistencias, tratando de hacer prevalecer la emoción sobre la razón.-

El pensamiento crítico nos permite acercarnos a la verdad usando la razón, la falacia es un arma disolvente de ese razonamiento.- Identificarlas es fundamental para no ser engañados.-

Nigro y Blaquier distinguen tres tipos de falacias:

a) Falacias de evidencia: mención parcializada de las pruebas, omitiendo las que contradicen nuestra argumentación.-

b) Falacias del lenguaje: ambigüedades, palabras cargadas de sentidos ajenos a la argumentación, estructuras gramaticales confusas.-

c) Falacias de seudoargumentos: pueden ser,

1°) *argumentos ofensivos contra el hombre (ad personam)*: no se refuta la argumentación sino se ataca a la persona del adversario.-

2°) *argumentos circunstanciales contra el hombre (ad hominem)*: se intenta descalificar una afirmación haciendo referencia a una circunstancia particular de la persona que la propone.-

3°) *argumentos por la ignorancia*: fundamentar una conclusión simplemente por la carencia de pruebas en contrario.-

4°) *apelación a la autoridad (ad verecundiam):* apoyar la posición sobre la autoridad de una institución o persona (la opinión unánime, los sabios, los filósofos, la Iglesia, los catedráticos, los autores, la doctrina, la Biblia, la autoridad).-

5°) *Apelación a la piedad (ad misericordiam)*: apoyarse en la sensibilidad del receptor, recordándole circunstancias dolorosas.-

6°) *Apelación a la fuerza (ad baculum)*: recurrir a la coacción o la amenaza física o psicológica para imponer nuestro criterio.-

7°) *Apelación al pueblo (ad populum)*: apelar a los valores y sentimientos, exacerbar el entusiasmo.- Es la falacia típica de los demagogos.-

8°) *Argumento terminante:* generalizaciones como "todos saben", "nadie ignora", "la gente piensa".-

9°) *Equívoco:* es el resultado de la ambigüedad de un término, que tiene más de un sentido.-

10°) *Anfibología:* sacar una conclusión a partir de enunciados mal ordenados sintácticamente.-

11°) *De énfasis:* poner énfasis en alguna de las expresiones de un argumento, sacándolas de contexto.-

12°) *De composición:* darle generalidad a una propiedad de parte.-

13°) *De división:* a la inversa que la anterior, atribuir a una parte una propiedad del todo.-

14°) *Pregunta compleja:* abrumar al adversario con un interrogante compuesto.-

15°) *Argumento por causa falsa (post hoc ergo propter hoc):* se unen como causales hechos que fueron correlativos en el tiempo (fulano es "yeta" porque cada vez que se presenta...).-

16°) *Petición de principio (o de la aserción repetitiva):* razonamiento circular (ej: la justicia es lenta porque tiene que ser lenta).-

17°) *Generalizaciones:* usar con evidencias no representativas las palabras "todos", "nadie", "siempre", "nunca".-

18°) *Non sequitur:* usar una conclusión que no se sigue de las premisas.-

19°) *Del punto irrelevante:* táctica evasiva de eludir un punto fuerte del adversario con un argumento poco sólido.-

20°) *Del hombre de paja:* utilizar un argumento distractor.-

21°) *Apelar a la tradición:* "siempre se hizo así".-

22°) *Seudopregunta:* contrastar una argumentación con un interrogante retórico.-

23°) *Falsa analogía:* utilizar comparaciones improcedentes.-

24°) *Simplificación:* exponer una causa nimia como generadora de un efecto importante.-

25°) *De la única alternativa:* Convencer que hay sólo dos opciones frente a un tema.-

26°) *Del pensamiento abstracto:* identificar un pensamiento abstracto con la realidad (la política dice, la medicina sostiene).-

27°) *De escape:* comúnmente "irse por las ramas".-

28°) *Denegar una conclusión válida:* Es la típica posición del "necio" que no pudiendo refutar, no acepta conclusiones válidas.-

29°) *Apelar a la ignorancia:* es el caso del "falso erudito", que abruma con conocimientos que el adversario no puede refutar porque no es de su incumbencia.-

El *discurso dominante* que puede venir de la hegemonía ideológica o de la autocracia, forma parte de las falacias de la argumentación, se basa en un sistema de creencias impuestas a una sociedad, que las acepta consciente o inconscientemente, y los hechos y dichos que se producen dentro de ella sólo adquieren significado en función del sistema imperante.-

De nada sirve oponerse, hay que cuestionarlo, quitarle validez social, despojarlo de verosimilitud.- Es la primer tarea del "emisor político", apuntar a *"la lucha por el poder decir"* (Focault, 1971)[41], para luego construir el discurso verosímil que pueda ser socializado.-

Si las falacias acaban por acaparar el discurso político de la democracia moderna, si las imágenes terminan por imponerse sobre el pensamiento racional, si los malabaristas del marketing imponen su mensaje sobre los ideólogos, si preferimos que nos mientan con sofismos en lugar de aceptar la verdad cruda (*parresía*), si aceptamos convivir con nuestros sesgos para sentirnos mejores e ignorar lo real, si la palabra acaba desnaturalizada como constructora de civilización y democracia, mejor entonces comenzamos con las acciones disruptivas.-

Recordemos a Diógenes, y como protesta abandonemos el diálogo y en reemplazo tendremos que *ladrar, mear y masturbarnos.-*

El relato: ¿utópicos o mentirosos?

"El objetivo no era tanto construir un mundo mejor en el que la gente viviera, sino hacer una gente mejor que viviera en el mundo" **(H.G. Wells)**

¿Cuántas veces soñamos con un mundo mejor, un país mejor, una ciudad mejor? Con quimeras se vive mejor la vida, aunque cambiar el entorno no sea todo, necesitamos también cambiar nosotros mismos.-

Alguna vez escribí que no hay gobierno sin relato y no hay relato sin utopías.- ¿Cómo compatibilizamos, entonces, con el aluvión de críticas que sufrió el gobierno kirchnerista por la construcción de su relato? La respuesta es simple: el relato no fue cuestionado como tal, sino por su contenido.-

En la literatura, el relato puede construirse a partir de dos parámetros: realidad o ficción.- En la política, en cambio, debe partirse de la realidad, la ficción es engaño.-

Cristina Kirchner, en especial, construyó la épica de su gobierno, no ya desde la ficción inocua del paraíso sobre la tierra, sino de la falsificación de los datos duros de la realidad.-

Un país serio se cimenta a partir de la veracidad de sus informes estadísticos, lo que no ocurrió en la Argentina del tercer lustro del siglo, dónde no sólo se engañó descaradamente con el índice inflacionario (singular generador de distorsiones múltiples), sino que se instaló una burbuja de fantasía a partir del discurso presidencial: "de lo que no hablo, no existe".-

De tal manera, por arte de magia, desapareció la pobreza y la indigencia en la Argentina de Cristina, que por la "maldad" de Macri de descorrer el velo que cubría el Indec, hoy vuelve a aparecer con toda su crudeza por encima del 30%.-

Consecuentemente, construir el relato no supone la mentira, el ocultamiento, la falsificación de los hechos.- Un gobierno debe, necesariamente, trasmitirle a la sociedad un relato basado en hechos reales, plantearle una epopeya detrás de objetivos importantes y trascendentes para el conjunto, aunque parezcan inalcanzables.-

Y ese relato debe estar constituido también por utopías, porque la esencia de la vida humana, el motor del progreso, el alimento fundamental del espíritu, es la esperanza de ser mejores en un mundo mejor.-

No nos levantaríamos de la cama cada día si no alimentáramos la esperanza de mejores tiempos, porque somos algo más carne y hueso, respirar y comer, dormir y despertar; somos fe, voluntad y espíritu, alimentados por nuestros propios sueños.-

Las utopías tienen función esperanzadora, por la capacidad humana de soñar; también su costado axiológico, permite reconocer los valores fundamentales de una comunidad en un momento concreto; y una utilidad crítica, posibilitando comparar un estado ideal con el real, para medir las cotas de justicia y bienestar que aún nos restan por alcanzar.-

Por ello, gobernar una sociedad no es competencia exclusiva de tecnócratas, economistas y numerólogos, hay que agregarle la política como factor fundamental, porque es misión de la política la creación de las utopías sociales.-

Íntimamente relacionadas con el deseo de dar un sentido a la vida y alcanzar la felicidad, la búsqueda de un mundo mejor, más solidario y más justo, marca la estrecha relación entre las utopías y la justicia.- Es la política la que debe plantearlas, si éstas resultan internalizadas por la gente, el combo resulta ideal para la construcción de objetivos comunes por los que valga la pena luchar en conjunto.-

Todos los gobiernos tuvieron sus relatos y utopías.- El Perón del 73 pregonaba la unidad de los argentinos, los dictadores del 76 a colaborar con el "proceso de reorganización nacional", Alfonsín nos convocaba a participar de las recuperación de la democracia y el fortalecimiento de la república,

Menem a achicar el estado y agrandar la Nación.- Todos con mayor o menor realidad, con mejores o peores intenciones, pero con relatos al fin y al cabo.-

Hay una diferencia fundamental que remarcar en el contenido del relato de las dos últimas gestiones gubernamentales, las de Cristina y la de Macri.-

El relato de Cristina fue "contra" y, valga el juego de palabras, el de Macri es "pro".- Cristina nos bombardeaba con sus cadenas nacionales, convocándonos a luchar "contra" los malos del mundo, contra el imperialismo yanqui, contra los fondos buitre, contra los empresarios avaros, contra los jueces que se le oponían, contra éste y contra el otro.-

Macri, en cambio, nos plantea el objetivo de gobernar con todos, dejar trabajar a la justicia y al parlamento en sus ámbitos específicos, respetar la división de poderes y apuntar a la pobreza cero.-

En ambos casos, hay una mezcla de utopías y mentiras, que sin dudas neutralizan la fuerza del relato como movilizador social.-

Es cierto que hay gente mala, hay inversores rapaces, hay empresarios mezquinos, pero el destino de un país descansa en lo que hagamos en favor de nosotros mismos, los mensajes de guerra contra los malos del mundo terminan sólo en una retórica improductiva.-

Con Mauricio Macri dimos una vuelta de campana en el contenido del mensaje.- Ya no se convoca a la ciudadanía a trabajar "en contra de", a unirnos "para derrotar a", a movilizarnos "para escrachar a".-

Nos plantea este Presidente, con algo de ingenuidad y mucho de utopía, el objetivo casi inalcanzable de la "pobreza cero".- Es cierto, no es una afirmación dura y pura, es una utopía esperanzadora.- Pero a la par, las medidas de estos meses nos llenan de dudas, especialmente a los sectores medios.-

Para el empresariado, el campo, los industriales, la devaluación, la disminución de las retenciones y otras medidas, sirvieron para el inicio de una recuperación indispensable de la economía de producción.-

No se disminuyeron, y en muchos casos se incrementaron, las ayudas sociales para los sectores pobres, los jubilados nacionales comenzaron una lenta recuperación de sus ingresos y haberes adeudados.-

La clase media, en cambio, es la que principalmente sufrió los efectos corrosivos de la inflación, sumando a parte de la misma a integrar la franja de pobreza de las estadísticas oficiales.- El mantenimiento del impuesto a las ganancias al sector asalariado, contribuyó a esta situación.-

Si la utopía es la pobreza cero y el gobernar con todos, el sacrificio debería ser compartido en justas proporciones, para que todos los ciudadanos se sientan comprometidos con los objetivos.-

Es cierto que Macri ha contado con un elevado y hasta ahora duradero hándicap de paciencia social, construido fundamentalmente a partir del desprestigio kirchnerista.- Pero en su gobierno, al ser sideralmente más trasparente que el de Cristina, las inconsistencias se exponen instantáneamente al conocimiento público.-

Se pretende abonar el mensaje optimista del gobierno, integrando al relato, idílicos paseos en bicicleta por el Central Park, charlas ciudadanas en montados escenarios colectiveros, o veinte timbrazos en domicilios particulares, logrando sólo debilitarlos en su fuerza convocante por una combinación poco creíble de ingenuidad y escenografía.-

Sin embargo, necesitamos seguir creyendo en que nos espera un próximo mejor destino y que superaremos las consecuencias de la década autoritaria.- Por ahora, alcanza con cándidas utopías y mentiras benignas, habrá que combinarlas con mayor número de hechos palpables.-

Anatomía de la mentira

¿Hay alguien que no haya dicho alguna mentira en su vida? Quién se reconozca puro, probablemente esté agregando una mentira más a su colección.-

Ente los animales, los seres humanos somos los únicos que tenemos la capacidad de mentir, pues hacerlo supone un acto consciente de racionalidad, una expresión volitiva dirigida a sostener aquello que se sabe no verdadero, total o parcialmente.-

Obviamente que la mentira presume de un vínculo necesario entre dos o más personas, tiene un sujeto activo, el mentiroso, y un sujeto pasivo, el que recibe la mentira de su interlocutor.-

San Agustín distingue ocho tipo de mentiras, relacionadas con la mayor o menor capacidad de dañar y su objetivo de ayudar o no.- De allí que pueden haber mentiras que ayudan y mentiras que dañan, mentiras piadosas y mentiras maliciosas.- Santo Tomás de Aquino menciona tres tipos: la útil, la humorística y la maliciosa.-

Debemos también decir que la prima hermana de la mentira es la ficción, la simulación de la realidad en las obras literarias, cinematográficas, historietísticas.- No es la mentira, aunque comparte con ésta su contraste con la realidad, la falsedad es su elemento común.-

Para que la academia tome nota, he de informar que ha sido incorporada una nueva categoría en la literatura fantástica, el relato ficcionado, una creación de la política argentina en el discurso político institucional.-

Por nuestra parte, nos es útil a la argumentación que pretendemos desarrollar, diseccionar la anatomía de la mentira en función del ámbito en que se pronuncia y de los destinatarios de la misma.- Existe una mentira privada y otra pública, una íntima y otra expuesta, una particular y otra general, una de relaciones humanas y otra institucional.- Ésta, la mentira institucional, es la que pretendemos analizar.-

En el abarcativo segmento de las relaciones de los individuos con el Estado, de los ciudadanos con sus representantes, se desenvuelve lo que calificamos como mentira institucional.- En ella se supone una relación de poder entre quienes recibieron el mandato para gestionar los asuntos públicos, los gobernantes, y aquéllos que entregamos esa potestad mediante el sufragio.-

Si hay un deber básico de quienes ocupan funciones públicas, ése es el de decir siempre la verdad, especialmente en los asuntos de su competencia, porque la mentira institucional ataca gravemente la fe pública.- En ella, el sujeto activo o victimario es el funcionario mentiroso, el pasivo o víctima, la ciudadanía, la gente, la generalidad.-

En otros países, el funcionario público que es pillado en una mentira, ya sea en sus asuntos privados o en los funcionales, presenta de inmediato su renuncia y sufre un grave reproche social.- No pasa lo mismo entre nosotros.-

En estos últimos años, la mentira institucional fue un contravalor que generosamente se volcó sobre el conjunto social, no fue un recurso de oportunidad sino una herramienta de gestión, su consecuencia fue la paulatina corrosión de la credibilidad pública.-

Hubieron mentiras estructurales, aquéllas que dinamitan las bases de la convivencia y del estado de derecho.- Una de ellas, es la de haber montado un formidable aparato de engaño estadístico, precisamente un recurso que el estado tiene la obligación legal y moral de brindarlas con certidumbre.- A partir de la distorsión de los índices, las mentiras se propagaron como reguero de pólvora entre los pliegues sociales, se mintió en la inflación, en los índices de pobreza e indigencia, en el cálculo del crecimiento.- Obviamente, nadie duda que el de Cristina fue un gobierno que falseó los números y, como consecuencia, dinamitó la confianza pública.-

De la misma calidad fueron los falsos montajes oficiales sobre el Acuerdo con Irán, obscureciendo las verdaderas intenciones de impunidad de los acusados iraníes, así como la declamada democratización del poder judicial, que ocultaba el plan siniestro de copamiento institucional.-

Para reforzar la épica oficial se construyeron las mentiras instrumentales, aquéllas que servían para desviar la atención.- Esa construcción heroica de un gobierno en lucha contra los malos del mundo, tenía como principal objeto engañar a la ciudadanía sobre la verdadera envergadura del problema.-

No fue el default el responsable de las desventuras financieras, fueron los fondos buitre, esos malditos inversores que pretendían cobrar lo que indica la ley de emisión.- No fue la emisión descontrolada para financiar el sideral gasto público la causa fundamental de la inflación, fue la avaricia de empresarios y comerciantes, no es la impericia y la soberbia gubernamental las razones de una gestión en picada, son los grupos concentrados que erosionan la imagen del gobierno popular.-

De la mano de las mentiras estructurales y de las instrumentales, la gestión kirchnerista ha sabido componer con singular volumen, las mentirillas comunicacionales o mediáticas, es decir aquéllas que intentan tapar las otras, las más graves.- Éstas llegaron al público por intermedio del formidable aparato oficial y paraoficial de comunicación.-

Resulta difícil mencionarlas, porque saltan a la vista cada vez que sus protagonistas salen a los medios.- Las interpretaciones arbitrarias del ministro del bigote espeso y del verbo torrencial, los papelones mediáticos de nuestro vecino en su falso tecnicismo, las exposiciones descontracturadas de una presidenta cada vez más adolescente, son el alimento diario con que el gobierno kirchnerista nos llenó los oídos de fantasías, medias verdades, interpretaciones antojadizas, afirmaciones incomprobables o mentiras totales.- Así se gobernó en la Argentina.-

La catarata mediática que las huestes oficiales descargaban casi impunemente sobre nuestra castigada humanidad, parte de un componente psicológico determinante.- La verdadera naturaleza moral de esas conductas oficiales despreocupadas de la verdad, fue la profunda subestimación que ejercieron sobre la capacidad de análisis y de entendimiento del pueblo argentino.-

Están convencidos que le hablaban a un pueblo inculto, bobo o crédulo.- Lo que hasta ayer, de alguna manera podía llevar a equívocos a una parte de la sociedad, hoy la capacidad de embuste está absolutamente agotada, se engañó sin imaginación, de manera burda, y el pueblo argentino ya ha obtenido el diploma de experto en su detección.-

Con Mauricio Macri, la cosa está mejor, aunque

partió de una campaña de 2015 con promesas varias incumplidas.-

Recurrimos al sitio Chequeado.com para tener una visión sobre ello:

"El 1° de marzo de 2017 Macri dio su segundo discurso de inauguración de las sesiones ordinarias del Congreso. Entonces, durante una hora resaltó varios logros alcanzados durante el primer año de gobierno de Cambiemos y adelantó algunas medidas y el envío de diferentes proyectos al Parlamento. ¿Qué pasó con las metas que enunció el Presidente hace un año atrás?

Sobre un total de 15 promesas verificables, logramos chequear una docena y 3 aún están pendientes (una sobre asentamientos informales, otra sobre agua y cloacas y otra sobre el Plan Ferroviario de Cargas), por falta de datos abiertos suficientes para contrastarlas. El Presidente cumplió la mayoría de las promesas que hizo ante los legisladores y no incumplió ninguna. El balance es el siguiente: 7 promesas cumplidas, 1 en proceso adelantada y 4 en proceso demorada.

Bien distinta había sido la situación con el análisis de Chequeado de las promesas de la campaña electoral de 2015. En ese caso, de 20 promesas analizadas al 10 de diciembre de 2017, 2 estaban cumplidas, 6 en proceso adelantada, 10 en proceso demorada y 2, incumplidas."

CAPITULO IX

IDIOTAS HUBIERON SIEMPRE

Cuando nos referimos a la historia de la estupidez humana, no dejamos de recordar al helenista e historiador francés Lucién Jerphagnon, que dedicó su vida a escribir sobre los grandes pensadores.- Sobre el final de la misma, a la edad de 90 años, a uno de su muerte, escribió un libro denominado *¿La Estupidez? Veintiocho siglos hablando de ella*[42], en la cual condensó frases y reflexiones sobre la estupidez.-

Durante su larga vida de estudioso, *"estupefacto, topaba una y otra vez con ella, en todas partes y en todo momento, en el espacio y el tiempo, entre los autores más diversos"*, por lo que no tuvo dudas que la estupidez estuvo presente en toda la historia humana.-

En la introducción a su libro, dice: *"Es posible olerla en todas partes y flota en el ambiente de todas las épocas. De algún modo, se encuentra en la atmósfera. Se vitupera a sus responsables, se lamentan los estragos que produce y se buscan sus causas. Algunos autores incluso han manifestado interés por sus orígenes; Aristóteles especula que surgió en aquella época que hoy llamamos prehistoria, mientras que san Agustín ve en ella la consecuencia del pecado de Adán."*

Haciendo referencia al carácter humano de la estupidez, afirmaba: *"Procuremos no olvidar nunca que nadie se desembaraza completamente de la estupidez, siempre dispuesta a apoderarse de la forma en que ayer mismo observábamos las cosas y a las personas (...) Nadie en este mundo puede creerse exento de ser un estúpido, y que la estupidez no es algo que incumba solo al otro ni a los otros. Pues si alguien pensara que él no es estúpido, aunque solo fuera por un instante, se mostraría por ese simple hecho (...) que ningún ser humano escapa al peligro de la estupidez".*

Son muchas las frases y expresiones recogidas por Jerphagnon.- Me parece interesante recoger algunas de ellas en este capítulo, con otras obtenidas de otras partes, para que nos ayuden a reflexionar sobre el tema.-

Pero, como idiota incidental que soy, me propongo hacerlo sin ordenamiento histórico, para que cada quién las ubique en el tiempo de su preferencia, y las compare con la realidad que nos toca vivir.-

"El número de necios es infinito"
Eclesiastés, 1, 15

"Qué mezquinos esos enanos que practican la política, y que se creen filósofos... ¡Qué mocosos!"
Marco Aurelio, Pensamientos, IX, 29

"La mayoría de hombres son idiotas. Esto también es sabido"
San Agustín, Del libre albedrío, I, 8, 19

"Hay, además, tres clases de inteligencias: la primera comprende las cosas por sí mismas, la segunda es capaz de evaluar lo que el otro comprende, y la tercera no comprende ni por sí misma ni por medio de las demás. La primera es superior, la segunda excelente, la tercera inútil".
Maquiavelo, El príncipe, XXII

"Amigos, habrán notado que en el mundo hay muchos más zoquetes que hombres ¡harán bien en recordarlo!"
Rabelais, Quinto libro, VIII

"La señora Delfina inevitablemente había alimentado en mí los prejuicios de aquella manada de antecámara entre la cual vivía: la familia real vegetaba aislada en aquella fortaleza de la imbecilidad y la envidia, que las nuevas generaciones asediaban infructuosamente"

Chateaubriand, Memorias de ultratumba

*"Aquel gentilhombre era una de esas inteligencias limitadas,
cómodamente instalado entre una inofensiva nulidad todavía capaz
de entender y una arrogante estupidez que se niega a aceptar o a
conceder nada"*
Balzac, Las ilusiones perdidas

"Dos tipos de imbécil: el francés de derechas que lo ha apostado
todo a los EE.UU., acérrimos enemigos de la URSS, y el francés
de extrema izquierda que se ha ceñido tanto el traje de Stalin
que se le ha pegado a la piel y ya no puede quitárselo"
François Mauriac, Bloc-notes, 20 de agosto de 1955

*"¡Cuanto niños burgueses, gracias a su origen, han tenido acceso a
una cultura de la que no eran dignos" ¡Cuántos burros que no tenían
sed y a los que no obstante los maestros obligaron a beber! ¿Acaso
muchos de ellos han vuelto a abrir a lo largo de sus vidas un solo libro
de lo que sus maestros intentaron enseñarles a apreciar?"*
*François Mauriac, "Nunca puede saberse nada con
la televisión", 3 de febrero de 1962*

"En Francia, el poder tanto si es monárquico como popular,
siempre se ha inclinado por los mediocres. La inteligencia
siempre ha resultado sospechosa"
François Mauriac, Bloc-notes, septiembre de 1955

*"Pueden comprobarlo todos los días: cuando en una cena se reúnen
cinco personas inteligentes y un imbécil, la conversación decae
indefectiblemente al nivel del imbécil"*
Jean Amadou, Journal d'un bouffon

"Existe una estupidez de época de la que todos los contemporáneos, grandes y pequeños, por más genio que tengan,
participan"
François Mauriac, Mémoires intérieurs

"Cuántas veces lo he señalado: que Dios prefiere a los imbéciles, es un rumor que desde hace diecinueve siglos propagan los imbéciles"
François Mauriac, Bloc-notes, 26 de marzo de 1954

"Sesenta y dos mil cuatrocientas repeticiones hace una verdad"
Aldous Huxley, Un mundo feliz

"De modo que los individuos más audaces, y que más saben gritar, tienen aquí todos los poderes (como ocurre normalmente en todos los Estados populares), aunque sean los más irracionales"
Descartes, carta a Élisabeth, 10 de mayo 1647

"Todo el mundo lamenta no tener memoria, pero nadie lamenta no tener juicio"
La Rochefoucauld, Máximas, 89

"La necedad extrema no está reñida con el orgullo"
Saint-Simon, Memorias

"Quien se siente satisfecho de su pensamiento, en el sentido de que no encuentra en él ningún fallo, es un estúpido; dejémoslo tranquilo"
Alain, Proppos, 21 de mayo de 1928

"¿Cómo es posible reconocer a un estúpido? Porque es alguien que no da explicaciones cuando debería y da demasiadas cuando son innecesarias"
Alain, Propos, "Kipling"

"Cuantas menos ideas tiene la gente, más chilla"
François Mauriac, Un adolescent d'autrefois

"Cuanto más creen en ellos mismos, y cuanto más quieren hacernos creer en su inteligencia, más burros nos parecen, y cuanto más convencidos están de dominar al resto de los hombres, más nos convencen de que pertenecen a una especie miserables"

François Mauriac, "Nunca puedes saberse nada con
la televisión", 8 de octubre de 1954

"Todavía no se ha descubierto nada mejor que la idiotez para
creerse inteligente"
Amélie Nothomb, Metafísica de los tubos

"La sociedad considera casi siempre como simples imbéciles a los
inventores y a los genios cuando inician sus carreras (y muy a
menudo siguen haciéndolo hasta que las concluyen); este parecer es
tan banal que se ha convertido en un lugar común"
Dostoievski, El Idiota

"Hacemos el idiota para complacer a los idiotas; y sin darnos
cuenta acabamos convirtiéndonos en idiotas"
Henry de Montherlant, La Guerre Civil, I, 1

"Las redes sociales le dan el derecho de hablar a legiones de
idiotas que antes hablaban sólo en el bar después de un vaso de
vino, sin dañar a la comunidad. Entonces eran rápidamente
silenciados, pero ahora tienen el mismo derecho a hablar que un
Premio Nobel. Es la invasión de los imbéciles"."La televisión ha
promovido al tonto del pueblo, con respecto al cual el espectador
se siente superior. El drama de internet es que ha promocionado
al tonto del pueblo al nivel de portador de la verdad".

UMBERTO ECO, Diario La Stampa

"Temo el día en que la tecnología sobrepase nuestra huma-

nidad. El mundo solo tendrá una generación de idiotas."

Albert Einstein

"Sé que soy inteligente, porque sé que nada sé"

Sócrates

"Un idiota es un idiota, dos idiotas son dos idiotas,
diez mil idiotas son un partido político"

Franz Kafka

*"Quién no quiere pensar es un fanático; quién no pude pen-
sar, es un idiota; quien no osa pensar es un cobarde"*

Sir Francis Bacon

"Existen dos maneras de ser feliz en esta vida, una
es hacerse el idiota y la otra serlo"

Sigmund Freud

La vida es como un cuento relatado por un idiota; un cuento

lleno de palabrería y frenesí, que no tiene ningún sentido"

William Shakespeare

"La peor soledad que hay es darse cuenta de

que la gente es idiota"

Gonzalo Torrente Ballester

"Sólo un idiota puede ser totalmente feliz"

Mario Vargas Llosa

"La única profesión que no se necesita preparación, es

la de idiota, plara lo demás hay que estudiar"

Anónimo

"El mayor placer de un hombre inteligente es aparentar ser un

idiota delante de un idiota que aparenta ser inteligente"

Anónimo

"Gran parte de las dificultades por las que atraviesa el mundo se debe a que los ignorantes están completamente seguros y los inteligentes llenos de dudas"

Bertrand Russell

"Sólo las personas ineptas son capaces de rendir siempre al máximo de sus capacidades "Somerset Maugham

"El silencio es estúpido si somos sabios, pero es sabio si somos estúpidos

Charles Caleb

.

Hay más tontos en el mundo que personas"
Heinrich Heine

"El primer paso para ser un ignorante es presumir de saber"

(Baltasar Gracián).

"Nunca atribuyas a la maldad lo que puede explicarse fácilmente por la estupidez"

Nick Diamos

"La mayor parte de los idiotas piensan que sólo son unos ignorantes"

Benjamin Franklin

"No hay cosa más difícil que reconocer a un necio callado"

Alonso Ercilla

"Nada en el mundo es más peligroso que la ignorancia sincera y la estupidez concienzuda"

Martin Luther King

"La estupidez humana es la única cosa que nos da una idea del infinito"

Ernest Renan

"El colmo de la estupidez: aprender algo que luego se va a olvidar"

Erasmo de Rotterdam

BIBLIOGRAFÍA

Brey Antoni, *La sociedad de la Ignorancia*, 2009, Creativecommons (http:///creativecommons/by-nc/3.0/deed.es). Proyecto La Segunda Edad Contemporánea

Cantero José, *Pensar como Sócrates*, 2017

Confessore, Nicholas, Gabriel Dance, Richard Hasrris, Masrk Hansen, The New York Times, 27.1.2018

Chequeado.com, Pablo M.Fernández *,El mundo secreto de los bots y los trolls…(y cómo esos "ejércitos influyen en la política)*, 13.11.17

Dhal Robert, *La democracia* p.4 y 5.- Originalmente publicado en Encyclopaedia Britannica(edición 2004), [Traducción de Silvina Floria, revisada por Encyclopaedia Britannica]

Durán Barba, J y S.Nieto, *El arte de ganar. Cómo usar el ataque en campañas electorales exitosas*, Sudamericana, ed. 2011

Goncal Mayos, *La Sociedad de la Incultura ¿Cara oculta de la sociedad del conocimiento?*, Madrid

Http.: //www.**unmitocorto**.com. El mito de la caverna. resumen

Innerarity Daniel, *La sociedad del desconocimiento*, Madrid

Jerphagnon Lucién, *¿La Estupidez? Veintiocho siglos hablando de*

ella, 2011

Nigro Patricia-Agustina Blaquier, *Desnudando el discurso político, Editorial Biblos, 2014*

Palma Dante, *El Gobierno de los Cínicos, Ed.Ciccus,2016, p.19*, refiere a Vernant J.P., *Los orígenes del pensamiento griego*, Paidós, 2004

Popescu Adam, The New York Times. 18.1.2018

Simonetti Lara Agostina, *Falta de Identidad*, 2013

Steiner George, *In Bluebeard´ s Castle. Some Notes Towards the Redefinition of Culture, 1971*

T.S.Eliot, *Notes Towards the Definition of Culture*, 1948, p.19

Vargas Llosa Mario, *La civilización del espectáculo*, Alfaguara, 2012, p.13/17

Vega Artigues Edgardo, *Cómo se produce el pensamiento* - Departamento de Farmacología, Facultad de Ciencias Biológicas, Universidad de Concepción

---

[1]Robert Dhal, La democracia p.4 y 5.- Originalmente publicado en Encyclopaedia Britannica(edición 2004), [Traducción de Silvina Floria, revisada por Encyclopaedia Britannica]

[2]Robert Dhal, Ob.Cit., p.4

[3] Dante Palma, *El Gobierno de los Cínicos, Ed.Ciccus,2016, p.19,* refiere a Vernant J.P., *Los orígenes del pensamiento griego,* Paidós, 2004

[4] Dante Palma, ob. cit., p.20

[5] José Cantero, *Pensar como Sócrates,* 2017, p.27

[6] José Cantero, ob.cit., p.28

[7] Dante Palma, ob.cit. p.18

[8] Dante Palma, ob.cit., p.24 y 25

[9] Antoni Brey, *La sociedad de la Ignorancia*, 2009, Creativecommons (http:///creativecommons/by-nc/3.0/deed.es). Proyecto La Segunda Edad Contemporánea

[10] Antoni Brey, ob.cit.

[11] *Cómo se produce el pensamiento* - Dr. Edgardo Vega Artigues. Departamento de Farmacología, Facultad de Ciencias Biológicas, Universidad de Concepción

[12] José Cantero, ob.cit.

[13] José Cantero, ob. cit.

[14] Lara Agostina Simonetti, *Falta de Identidad*, 2013

[15] José Cantero, ob.cit.,p.65/67

[16] José Cantero, ob.cit.,pl.134

[17] Antoni Brey, *La sociedad de la Ignorancia, Barcelona*, 2009

[18] Antpni Brey, ob.cit.

[19] Antoni Brey, ob.cit

[20] Antoni Brey, ob.cit.

[21] Http.: //www.unmitocorto.com. El mito de la caverna. re-

sumen

[22] Dante Palma, ob.cit., p.49

[23] Antoni Brey, ob.cit.

[24] Mario Vargas Llosa, *La civilización del espectáculo*, Alfaguara, 2012, p.13/17

[25] T.S.Eliot, *Notes Towards the Definition of Culture*, 1948, p.19

[26] T.S.Eliot, ob.cit., p.41

[27] Mario Vargas Llosa, ob.cit.,p.16

[28] T.S.Eliot, ob.cit., p.122

[29] George Steiner, *In Bluebeard´s Castle. Some Notes Towards the Redefinition of Culture*, 1971, p.118

[30] George Steiner, ob.cit., p.150

[31] Mario Vargas Llosa, ob. cit., p.33 y 34

[32] Mario Vargas Llosa, ob.cit., p.35

[33] Goncal Mayos, *La Sociedad de la Incultura ¿Cara oculta de la sociedad del conocimiento?*, Madrid

[34] Goncal Mayos, ob.cit.

[35] Dante Palma, ob.cit., p.9

[36] Dante Palma, ob.cit., p.63 y 64

[37] Pablo M.Fernández, Chequeado.com, *El mundo secreto de los bots y los trolls...(y cómo esos "ejércitos influyen en la política)*, 13.11.17

[38] Durán Barba, J y S.Nieto, *El arte de ganar. Cómo usar el ataque en campañas electorales exitosas*, Sudamericana, ed. 2011, p.136

[39] Patricia Nigro-Agustina Blaquier, *Desnudando el discurso político, Editorial Biblos, 2014*

[40] Nigro-Blaquier, ob.cit., p.15

[41] Patricia Nigro, Agustina Blaquier, ob.cit., p.29 y 30

[42] Lucién Jerphagnon, *¿La Estupidez? Veintiocho siglos hablando de ella*, 2011